WESTEND

Zum Buch
Seit Beginn der Ukraine-Krise springen uns in den Medien Putin-Karikaturen entgegen, in denen er als kriegslüsterner Zar dargestellt wird. Vom Abschuss eines Passagierflugzeugs in der Ostukraine bis hin zu den in einen Bürgerkrieg ausgearteten Kämpfen, überall scheint Wladimir Putin die Schuld zu tragen. Er soll das personifizierte Böse sein. Was nicht thematisiert wird: Der seit langem vom US-amerikanischen Geheimdienst geplante und finanzierte »Regime Change« in der Ukraine. Die USA investierten mehr als 5 Milliarden Dollar in den Sturz der legitimen Regierung der Ukraine und machten gezielt ihren Günstling Arsenij Jazenjuk zum Ministerpräsidenten. Wie kann eine EU, wie kann ein souveränes Deutschland sich hierbei zum Gehilfen machen lassen, zumal die Sanktionen in unverantwortlicher Weise die eigene Wirtschaft schädigen? Chronologisch, vom Beginn der Maidan-Ereignisse bis zu den Entwicklungen im September 2015, wird die verhängnisvolle Einflussnahme der US-amerikanischen Regierung auf die zentralen Medien und die Politik Europas geschildert und analysiert.
Ein Appell an die Vernünftigen in Europa und den USA, den politischen Absturz aufzuhalten.

Zum Autor
Wolfgang Bittner lebt als Schriftsteller in Göttingen. Der promovierte Jurist war freier Mitarbeiter bei Zeitungen, Zeitschriften, Rundfunk und Fernsehen. Bis 1974 ging er verschiedenen Berufstätigkeiten nach, unter anderem als Verwaltungsbeamter und Rechtsanwalt. Ausgedehnte Reisen führten ihn nach Vorderasien, Mexiko, Kanada und Neuseeland, Gastprofessuren 2004 und 2006 nach Polen. Von 1996 bis 1998 gehörte er dem Rundfunkrat des Westdeutschen Rundfunks in Köln an. Er ist Mitglied im Verband deutscher Schriftsteller (1997-2001 im Bundesvorstand) und im PEN, erhielt mehrere Auszeichnungen und Preise und hat über 60 Bücher für Erwachsene, Jugendliche und Kinder veröffentlicht, darunter die Romane »Hellers allmähliche Heimkehr«, »Schattenriss oder Die Kur in Bad Schönenborn« und »Niemandsland« sowie das Sachbuch »Beruf: Schriftsteller«. – Weitere Informationen: www.wolfgangbittner.de

Wolfgang Bittner

Die Eroberung Europas durch die USA

Erstveröffentlichung: VAT Verlag André Thiele, Mainz, Oktober 2014

Mehr über unsere Autoren und Bücher:
www.westendverlag.de

Die Deutsche Nationalbibliothek verzeichnet diese Publikation in der Deutschen Nationalbibliografie; detaillierte bibliografische Daten sind im Internet über http://dnb.d-nb.de abrufbar.

5. Auflage 2016
Überarbeitete und erweiterte Neuausgabe
ISBN 978-3-86489-120-5

Satz: Publikations Atelier, Dreieich
Druck und Bindung: CPI – Clausen & Bosse, Leck
Printed in Germany

Wolfgang Bittner

Die Eroberung Europas durch die USA

Eine Strategie der Destabilisierung,
Eskalation und Militarisierung
am Beispiel der Ereignisse in der Ukraine

Nie wieder

Wer für den Krieg ist
als Fortsetzung der Politik
mit anderen Mitteln,
und sei es als »letztes Mittel«,
sollte dorthin gehen,
wo nach dem Lügenbeginn
die Schüsse fallen,
die Bomben, Granaten
einschlagen, Menschen schreien,
wo keine Heimat mehr ist,
nie wieder.
Wer für den Krieg ist,
sollte dorthin gehen,
wo immer noch Krieg ist
als »letztes Mittel«.

Wolfgang Bittner

Der Lachende
hat die furchtbare Nachricht
nur noch nicht empfangen.
Bertolt Brecht

Im Übrigen gilt ja hier derjenige,
der auf den Schmutz hinweist,
für viel gefährlicher als der,
der den Schmutz macht.
Kurt Tucholsky

Inhalt

VORBEMERKUNG

Wenn es Probleme gibt – im eigenen Leben oder in der Politik –, ist es immer sinnvoll und zumeist auch erhellend, nach den Ursachen zu fragen. Zum Beispiel beklagen wir die ständig steigende Zahl der Flüchtlinge aus Afrika, aus dem vom Bürgerkrieg erschütterten Syrien oder aus dem Irak. Für Afrika kann man fraglos behaupten, dass es für die Menschen dort ein Unglück ist, wenn ihre Länder über Öl oder sonstige Bodenschätze verfügen; sie werden derer enteignet und fallen grenzenloser Armut ohne jede Perspektive anheim. In manchen dieser Länder herrschen bürgerkriegsähnliche Verhältnisse. Das ist auch in Syrien und im Irak der Fall, wo die Menschen ständig damit rechnen müssen, zwischen die Fronten zu geraten. Sie flüchten, denn wer will schon an einem Ort bleiben, an dem man tagtäglich um sein Leben fürchten muss.

Wir sollten also nicht ständig darüber klagen, dass so viele Flüchtlinge nach Europa und nach Deutschland kommen wollen oder dass wir zu wenige aufnehmen. Die Antwort auf die Frage nach den Ursachen der Flüchtlingskatastrophen liegt auf der Hand: Die USA und einzelne der NATO angehörende Staaten müssen aufhören, für ihre machtpolitischen und wirtschaftlichen Interessen andere Länder zu unterminieren und politisch aufzumischen. Es ist doch absurd, für die Aufnahme von immer mehr Flüchtlingen einzutreten, wenn gleichzeitig ihre Länder zerstört werden. Nicht wenige der vor dem Krieg vor dem Assad-Regime geflüchteten Syrer sind heute der Auffassung, dass es dem Land mit Assad besser gehe als ohne ihn. Ein Blick auf andere von den USA unter Beteiligung europäischer Staaten ins Chaos gestürzte Länder wie Afghanistan, Irak oder Libyen zeigt deutlich, wessen man sich dort schuldig gemacht hat.

Das Gleiche trifft auf die Ukraine zu, mit der es sich genauer zu befassen gilt. Dort herrscht inzwischen ein blutiger Bürgerkrieg mit zahllosen Toten und über einer Million Flüchtlinge, und die Chronologie der Ereignisse liefert eindeutige Beweise für das unverantwortliche Vorgehen der »westlichen Allianz«. Außerdem wird das skandalöse Verhalten der westlichen Politiker und ihrer Sprachrohre, der führenden Journalisten in den sogenannten Leitmedien, deutlich.

Der niederländische Publizist und Politikwissenschaftler Karel van Wolferen schätzt das wie folgt ein: »Was einer älteren Generation seriöser Journalisten hinsichtlich der Glaubwürdigkeit der Mainstream-Medien als fragwürdig erscheint, ist die redaktionelle Interesselosigkeit für potentielle Anhaltpunkte, die die offizielle Linie in Frage stellen oder annullieren könnten.«[1/2] Und er fährt fort: »Die europäische Union wird nicht (mehr) von Politikern geführt, die ein Verständnis von Geschichte haben, eine nüchterne Einschätzung der globalen Wirklichkeit oder auch nur gesunden Menschenverstand in Verbindung mit den langfristigen Zielen dessen, was sie in Gang setzen. Falls es noch eines Beweises bedurft hätte, ist der spätestens mit den Sanktionen erbracht …«

Nichts, was er gesehen oder gelesen habe, schreibt van Wolferen, sei auch nur andeutungsweise darauf eingegangen, dass die Ukraine-Krise, die zum Staatsstreich und zum Bürgerkrieg geführt habe, im Wesentlichen von Neo-

---

[1] Karel van Wolferen, The Ukraine, Corrupted Journalism, and the Atlanticist Faith; zit. n.: http://www.unz.com/article/the-ukraine-corrupted-journalism-and-the-atlanticist-faith/ (22.09.14).

[2] Sowie: Albrecht Müller, Die Ukraine, korrupter Journalismus und der Glaube der Atlantiker; zit. n.: http://www.nachdenkseiten.de/?p=23045 (22.09.14).

konservativen und ein paar Fanatikern im US-Außenministerium und im Weißen Haus bewirkt wurde.[3] Das gilt, so erschreckend es ist, für die weitaus überwiegende Mehrheit der westlichen Medien, die zu Werbeträgern insbesondere der US-Propaganda verkommen sind.

---

[3] Van Wolferen, a.a.O.

Extensive Feindpropaganda

Schlagen wir die Zeitung auf, springen uns seit Monaten Putin-Karikaturen entgegen und Leitartikel geißeln die angeblich kriegslüsternen Russen. Häme, Unterstellungen und Lügen auch in Radio- und Fernsehsendungen. »Stoppt Putin jetzt!«, lautete ein *Spiegel*-Titel und im *Deutschlandfunk* wurde gefragt: »Ist Putin noch zu stoppen?«, oder wir erfuhren: »Russland schürt den Konflikt.« *NDR-Weltbilder* klärte uns über die »Psyche von Wladimir Putin« auf, der sich laut *ZDF* als »der neue Zar« fühlt und den Prinz Charles mit Hitler verglich. »Dem Mann fehlt Menschlichkeit«, hieß es im *Tagesspiegel*.

Von »prorussischem Mob« (*Spiegel Online*, *ARD Tagesschau*) in der Ostukraine war die Rede, in der *WELT* erinnerte »die Ruchlosigkeit der Putin-Propaganda erschreckend an die Hochzeiten des Stalinismus«, die *Bild*-Zeitung entlarvte »Moskaus Kriegshetze«, im *ZDF* wurde gefragt: »Ist die Angst vieler Menschen in den baltischen Staaten berechtigt?« Dementsprechend mahnen die US-Regierung, der NATO-Generalsekretär Rasmussen und Verteidigungsministerin von der Leyen höhere Verteidigungsausgaben an.

Die westlichen Politiker fallen zurück in den Kalten Krieg. Sie drohen, fordern, verhängen Sanktionen, sie lassen das Militär gegen Russland aufmarschieren, verlangen aber zugleich den Rückzug russischer Truppen von den eigenen Grenzen. Putin breche ständig internationales Recht, ist aus Washington und Berlin zu hören, er belüge die Weltöffentlichkeit und provoziere den Westen. Die US-Sicherheitsberaterin Susan E. Rice bezichtigte die Moskauer Regierung der Brandstiftung.

1. US- Präsident Barack Obama berät sich mit seinem Außenminister John Kerry und seiner nationalen Sicherheitsbeauftragten Susan E. Rice im Oval Office am 19. März 2014.
(Foto: Pete Souza, Offizielles Weißes Haus Foto / CC BY 3.0 US)

Die *Zeit* kommentierte, Putin müsse »endlich Russlands Marsch in den nationalistischen Wahn stoppen«[4]; er habe »den Konflikt in der Ukraine bis zu seiner jetzigen tragischen Zuspitzung«[5] angeheizt. In der *Bild*-Zeitung wurde gewarnt: »Nie zuvor seit Ende des Kalten Krieges stand der Westen so nah vor einem militärischen Schlagabtrausch mit Russland.«[6] Und so weiter, eine endlose Litanei bis heute.

[4] Matthias Nass, Putin will kein Außenseiter sein; zit. n.: http://www.zeit.de/politik/ausland/2014-07/putin-ukraine-flugzeug-aussenseiter (22.09.14).

[5] Matthias Nass, a.a.O.

[6] »Experten befürchten den Einmarsch in die Ostukraine. Riskiert Putin den großen Knall?«; zit. n.: http://www.bild.de/politik/ausland/wladimir-putin/riskiert-putin-den-grossen-knall-37154920.bild.html (22.09.14).

Kein Wort zu den jahrelangen Umsturzbemühungen westlicher Geheimdienste, Regierungsstellen und NGOs, obwohl deren subversive Tätigkeit erwiesen ist. Die Schuld an dem Ukraine-Konflikt wird ausschließlich Russland, namentlich dessen Staatspräsident Wladimir Putin angelastet, und zwar in einer Weise, die allein schon von der Diktion her abstößt. Die ehemalige ARD-Russlandkorrespondentin Gabriele Krone-Schmalz spricht in diesem Zusammenhang – eher zurückhaltend – von »unprofessionell arbeitenden Medien«.[7]

Es stellt sich die Frage, was mit dieser brandgefährlichen Propaganda, Militarisierung und Militärpräsenz bezweckt wird. Denn bis vor Kurzem waren Russland als bedeutender Teil Europas und die Europäische Union auf dem Wege zu gutnachbarlichen und für beide Seiten wirtschaftlich nutzbringenden Beziehungen. Was können jetzt die Wirtschaftssanktionen bewirken?

Schon im März 2014 meldete die *WELT*: »Deutschland leidet stark unter den Sanktionen.«[8] Rund 19 Milliarden Euro deutscher Direktinvestitionen seien in Russland gebunden, Mittel die nicht einfach abgezogen werden können. Deutsches Kapital steckt in Autowerken, Gaspipelines, Supermärkten, zahlreiche Firmen waren und sind in Russland tätig und besitzen Unternehmensanteile. Sie fürchten um ihre Geschäfte und um ihr Eigentum.

Das bilaterale Handelsvolumen, das bereits 2013 um fünf Prozent einbrach, ging im ersten Halbjahr 2014 er-

---

[7] Gabriele Krone-Schmalz, Das darf nicht sein – NDR/ZAPP; zit. n.: http://www.youtube.com/watch?v=22VfEe1RkH8 (24.09.14).

[8] Florian Eder, Deutschland leidet stark unter den Sanktionen; zit. n.: http://www.welt.de/wirtschaft/article126104329/Deutschland-leidet-stark-unter-den-Sanktionen.html (22.09.14).

neut um 6,3 Prozent zurück; die deutschen Exporte nach Russland schrumpften um 15,5 Prozent. »Weitere Belastungen«, so die Verlautbarungen des Bundesministeriums für Wirtschaft und Energie, »dürften sich aus den danach erlassenen Wirtschaftssanktionen der EU gegen Russland und russische Gegenmaßnahmen ergeben.«[9] Hinzu kommt, dass Russland Deutschlands größter Energielieferant ist, was bei einer weiteren Verschärfung der Konfrontation sicherlich eine Rolle spielen wird. Aber dazu ist aus Politikerkreisen noch nichts zu vernehmen.

2. Albrecht Müller: Publizist und Herausgeber der NachDenkSeiten. (Foto: Liesa Johannsen)

Der frühere SPD-Bundestagsabgeordnete und Herausgeber des Internetportals NachDenkSeiten[10], Albrecht Müller, spricht noch einen anderen wichtigen Aspekt der westlichen Sanktions-Politik an: »Wirkt eine Sanktion nicht wie erwartet, dann dreht man einfach an der gleichen Schraube weiter und verkündet das auch noch öffentlich mit geschwollener Brust. Niemand überlegt offensichtlich, welche Auswirkungen das auf die innere Willensbildung bei den entscheidenden Gremien in

---

[9] »Russland – Wirtschaftliche Beziehung«; zit. n.: http://www.bmwi.de/DE/Themen/Aussenwirtschaft/Aussenwirtschaftsfoerderung/bilaterale-wirtschaftsbeziehungen,did=316538.html (22.09.14).

[10] www.nachdenkseiten.de

Russland hat. Niemand bedenkt die erkennbare Tatsache, dass man damit die kritischen Elemente in Russland schwächt. Deshalb kann und muss man von Primitivität sprechen. Nachdenken, strategisches Denken, gibt es im Westen offenbar nicht mehr.«[11]

---

[11] Albrecht Müller, Bemerkenswertes zum neuen Kalten Krieg und warum die NachDenkSeiten einseitig berichten und kommentieren; zit. n.: http://www.nachdenkseiten.de/?p=23158 (22.09.14).

Die russische Position

In den Polemiken und Hetzberichten der westlichen Medien wird insbesondere der russische Präsident angegriffen und verteufelt, »als ob Russland nur aus Putin bestünde«.[12] Nun mag zu bezweifeln sein, ob Wladimir Putin wirklich ein »lupenreiner Demokrat« ist, wie Gerhard Schröder ihn einmal nannte; ob er das im heutigen Russland überhaupt sein könnte, ist allerdings ebenfalls zu bezweifeln. Jedenfalls hat er sich in einer Rede am 18. März 2014 im Kreml verhandlungsbereit gezeigt und um einen fairen Umgang miteinander geworben. Doch das wurde vom Westen als Propaganda abgetan. Umso wichtiger erscheint es, eine besonders eindrucksvolle Passage zu zitieren:

> *»Wir werden es mit Sicherheit auch mit Gegenmanövern zu tun bekommen, doch wir müssen für uns selbst entscheiden, ob wir dazu bereit sind, unsere nationalen Interessen konsequent zu verteidigen, oder ob wir sie mehr und mehr aufgeben und uns wer weiß wohin zurückziehen. Manche westlichen Politiker schrecken uns bereits nicht nur mit Sanktionen, sondern auch mit der Perspektive einer Verschärfung der inneren Probleme. Es wäre interessant zu erfahren, was sie damit meinen: Aktivitäten einer gewissen ›Fünften Kolonne‹ – also verschiedener ›Vaterlandsverräter‹ – oder rechnen sie damit, dass sie die soziale und wirtschaftliche Lage Russlands verschlechtern können und damit eine Unzufriedenheit der Menschen hervorrufen? Wir betrachten solche Verlautbarungen als unverantwortlich und offen aggressiv, und werden entsprechend darauf reagieren. Da-*

[12] Gabriele Krone-Schmalz, a.a.O.

bei werden wir selbst niemals nach einer Konfrontation mit unseren Partnern – weder in Ost, noch in West – streben; ganz im Gegenteil, wir werden alles Notwendige unternehmen, um zivilisierte, gutnachbarliche Beziehungen aufzubauen, so, wie es sich in der heutigen Welt gehört.«[13]

Bereits der Rede Putins vor dem Deutschen Bundestag am 25. September 2001 war zu entnehmen, dass die russische Regierung zu einer weitgehenden Kooperation mit Deutschland und der EU bereit war. Er sagte:

»Niemand bezweifelt den großen Wert der Beziehungen Europas zu den Vereinigten Staaten. Aber ich bin der Meinung, dass Europa seinen Ruf als mächtiger und selbstständiger Mittelpunkt der Weltpolitik langfristig nur festigen wird, wenn es seine eigenen Möglichkeiten mit den russischen menschlichen, territorialen und Naturressourcen sowie mit den Wirtschafts-, Kultur- und Verteidigungspotenzialen Russlands vereinigen wird. Die ersten Schritte in diese Richtung haben wir schon gemeinsam gemacht. Jetzt ist es an der Zeit, daran zu denken, was zu tun ist, damit das einheitliche und sichere Europa zum Vorboten einer einheitlichen und sicheren Welt wird.«[14]

Es wäre vernünftig und existenziell wichtig gewesen, das zu überdenken. Doch CDU/CSU wie auch SPD schlie-

---

[13] Wladimir Putin, Wortlaut der Rede Putins zum Beitritt der Krim; zit. n.: http://www.chartophylakeion.de/blog/2014/03/18/putins-rede-zum-beitritt-der-krim/ (22.09.14).

[14] Wladimir Putin, Wortprotokoll der Rede Wladimir Putins im Deutschen Bundestag am 25.09.2001; zit. n.: https://www.bundestag.de/kulturundgeschichte/geschichte/gastredner/putin/putin_wort/244966 (24.09.14).

ßen sich als willfährige Vasallen der Konfrontations- und Lügenpolitik den USA an, statt sich auf eigene Grundsätze zu besinnen, vielleicht sogar auf Willy Brandts These vom »Wandel durch Annäherung«.[15] Aber was ist von einer Regierung zu halten, die ständig die eigene Verfassung bricht, um die hochbrisante Kriegstreiberei der USA mitzumachen?

In Artikel 26 Absatz 1 des Grundgesetzes heißt es: »Handlungen, die geeignet sind und in der Absicht vorgenommen werden, das friedliche Zusammenleben der Völker zu stören, insbesondere die Führung eines Angriffskrieges vorzubereiten, sind verfassungswidrig. Sie sind unter Strafe zu stellen.« Soll Deutschland jetzt, wieder unter Umgehung des Grundgesetzes, statt am Hindukusch weiter in der Ukraine »verteidigt« werden? Oder im Baltikum? Oder in Polen? Steht uns etwa wieder ein »humanitärer Einsatz« ins Haus, in den die NATO unter Führung der USA Deutschland hineinzieht?

Das Gedächtnis westlicher Politiker reicht offensichtlich nicht weit. Vergessen ist, dass Putin im September 2013 Obama behilflich war, den Forderungen der Neoliberalen nach einer Bombardierung Syriens zu begegnen, und Putin hat auch dazu beigetragen, die von denselben Kreisen angeheizten Auseinandersetzungen um das Atomprogramm des Iran zu entschärfen.

Das führte nach Ansicht Karel van Wolferens dazu, »dass sich die Neokonservativen zusammentaten, um die Putin-Obama-Verbindung zu zerbrechen«. Es sei kein Ge-

---

[15] Dazu: Albrecht Müller, Die neue Konfrontation West-Ost. Wie geht es vermutlich weiter?; zit. n.: http://www.nachdenkseiten.de/?p=21147http://www.nachdenkseiten.de/?p=21147 (22.09.14).

heimnis – so van Wolferen –, »dass die Neokonservativen sehnlichst den Sturz Putins wünschen und am Ende die Zerstückelung der Russischen Föderation.« Dazu diene die Existenz zahlreicher NGOs, die in Russland tätig sind, aber das sei in Europa weniger bekannt.[16]

[16] Karel van Wolferen, The Ukraine, Corrupted Journalism, and the Atlanticist Faith; zit. n.: http://www.unz.com/article/the-ukraine-corrupted-journalism-and-the-atlanticist-faith/ (22.09.14).

Die Strategie der Destabilisierung

Die Chronologie der Ereignisse, die zur aktuellen höchstgefährlichen Situation geführt haben und die nur allzu schnell verdrängt worden sind, gibt erschreckenden Aufschluss. Begonnen hat es mit dem Bestreben der NATO, sich entgegen den Gorbatschow 1990 gegebenen Versprechungen nach Osten zu erweitern und mit den Begehrlichkeiten Deutschlands und anderer EU-Staaten auf neue Absatzmärkte in den osteuropäischen Ländern. In der Ukraine kam 2004 im Wege einer von den USA finanzierten »orangenen Revolution« Julia Timoschenko nach Wahlfälschungen an die Macht[17/18], eine kriminelle Milliardärin, die 2011 wegen Amtsmissbrauchs zu sieben Jahren Freiheitsentzug verurteilt wurde und bis Anfang 2014 in Haft war.

Die Verhandlungen wegen eines Assoziierungsabkommens der EU mit der Ukraine stagnierten immer wieder, weil die Regierung Janukowitsch der Forderung nach einer Freilassung von Timoschenko, die sich in der Haft wegen eines Rückenleidens von Ärzten der Berliner Charité behandeln ließ, nicht nachkam. Janukowitsch hat schließlich die Ratifizierung des Abkommens verweigert, weil das den bedingungslosen Anschluss an die Europäische Union unter Zurückweisung Russlands und Missachtung der von Moskau

---

[17] Hans Springstein, 5 Milliarden Dollar für den Staatsstreich; zit. n.: https://www.freitag.de/autoren/hans-springstein/5-milliarden-dollar-fuer-den-staatsstreich (22.09.14).

[18] Claudia von Salzen, Wer ist Julia Timoschenko? Die berühmteste Gefangene der Ukraine; zit. n.: http://www.tagesspiegel.de/politik/wer-ist-julia-timoschenko-die-beruehmteste-gefangene-der-ukraine/8148338.html (22.09.14).

initiierten Zollunion (ab 2015 Eurasische Wirtschaftsunion) bedeutet hätte.

Hier zeichnete sich das Ziel der EU-Expansionsstrategie ab, sich die Ukraine als Brückenland von großer geostrategischer Bedeutung einzuverleiben, was sich mit den Interessen der US-Regierung und ihrem Bestreben deckte, Russlands machtpolitischen Aufstieg dauerhaft zu verhindern.[19] Dass dies zu schwerwiegenden Konflikten führen musste, war abzusehen.

Als der Anschluss der Ukraine an den westlichen Block auf diplomatischem Wege nicht gelang, ging es nach einigen fragwürdigen politischen Intermezzos und Einmischungen in die innerstaatlichen Angelegenheiten des Landes subversiv mit der sogenannten Maidan-Bewegung weiter. Daran waren von Anfang an nicht nur demokratisch-oppositionelle Kräfte beteiligt, sondern maßgeblich auch Nationalisten und ausländische Geheimdienste. Letzteres wurde publik durch ein abgehörtes Telefonat der EU-Beauftragten des US-Außenministers, Victoria Nuland, mit dem US-Botschafter in Kiew, Geoffrey Pyatt.[20]

Danach plante Washington bereits das Szenario für die Zeit nach dem lange vorbereiteten Staatsstreich und favorisierte seinen Günstling, den Oligarchen Arsenij Jazenjuk, der dann auch Ministerpräsident wurde. Sei-

---

[19] Jürgen Wagner, Ukraine: Ringen um die Machtgeometrie. Neoliberales Assoziierungsabkommen und europäisch-russische Machtkonflikte; zit. n.: IMI-Studie 02c/2014 S. 5-8, S. 5; zit. n.: http://www.imi-online.de/download/2014_02c_jwagner_web.pdf (22.0914).

[20] Albrecht Müller, Vom Abbau der Konfrontation in Europa zum Wiederaufbau der Konfrontation. Die Toten von Kiew sind die Opfer dieses Wahnsinns; zit. n.: http://www.nachdenkseiten.de/?p=20781more-20781 (22.09.14).

ne Stiftung Open Ukraine pflegt intensive Beziehungen zum US-Außenministerium und zur NATO und wird von einflussreichen westlichen Organisationen gesponsert.[21] Schon am 13. Dezember 2013 renommierte Victoria Nuland in Washington damit, dass die USA mehr als fünf Milliarden Dollar für den »Regime Change« in der Ukraine investiert hätten[22], und der ultrakonservative Senator und ehemalige Präsidentschaftskandidat der Republikaner, John McCain, versicherte dem Vorsitzenden der rechtsextremen Swoboda-Partei, Oleg Tjagnibok, seine Unterstützung im Kampf gegen die rechtmäßige Regierung.[23] Das kam in den westlichen Medien kaum zur Sprache, stattdessen kaprizierte man sich auf Nulands Ausspruch »Fuck the EU«.Inzwischen hat der neue ukrainische Staatspräsident Petro Poroschenko das Assoziierungsabkommen mit der EU, durch das westliche Konzerne in erheblichem Umfang begünstigt werden, unterzeichnet.

---

[21] Werner Rügemer, Jazenjuk made in USA; zit. n.: Ossietzky, 09/2014, S. 293-295, 294.

[22] Hans Springstein, a.a.O.

[23] »McCain demonstriert in Kiew. US-Senator fordert an der Seite von Faschisten Anbindung an die EU«; auf: Webseite der AG Friedensforschung; zit. n.: http://www.ag-friedensforschung.de/regionen/Ukraine/demos.html (22.09.14).

Eskalation

Während der vom 21. November 2013 bis 26. Februar 2014 andauernden Unruhen war Julia Timoschenko die Vorzeigeoppositionelle des Westens. Als am 20. Februar auf dem Maidan-Platz mehr als hundert Demonstranten und Polizisten in einem ungeheuerlichen Blutbad zum Teil hinterrücks erschossen wurden, wiesen sie und die westlichen Politiker dem 2010 gewählten Staatspräsident Victor Janukowitsch die Schuld zu. Am 22. Februar wurde Timoschenko aus der Haft entlassen, Anfang März 2014 als Wunschkandidatin für das neu zu besetzende Amt des ukrainischen Ministerpräsidenten zusammen mit dem ehemaligen Boxer Vitali Klitschko von der deutschen Bundeskanzlerin empfangen. Das Verhältnis kühlte sich erst ab, nachdem Timoschenko geäußert hatte, sie wolle Putin in den Kopf schießen und »diese verdammten Russen abknallen«.[24/25] Außerdem hatte die US-Regierung andere Pläne für das Amt des Ministerpräsidenten.

Am 20. Februar 2014, noch während der Unruhen, reisten die Außenminister Deutschlands, Frankreichs und Polens nach Kiew, um Präsident Janukowitsch einen »Fahrplan« zur Beilegung der politischen Krise in der Ukraine vorzulegen und die Maidan-Bewegung gegen die gewählte Regierung zu stärken. Steinmeier traf sich auch mit Wortführern der Opposition, ebenso Anfang März der US-Außenminister John Kerry – eine erneute ekla-

---

[24] Eckart Spoo, Faschismus ist tabu; zit. n.: Ossietzky, 18/2014, S. 613-615, 614.

[25] Benjamin Bidder, Abgehörtes Timoschenko Telefonat. ›Dem Drecksack in die Stirn schießen‹; zit. n.: http://www.spiegel.de/politik/ausland/timoschenko-telefonat-putin-in-die-stirn-schiessen-a-960554.html (22.09.14).

tante Einmischung in die inneren Angelegenheiten eines anderen Staates. (Was wäre geschehen, wenn der russische Außenminister die Occupy-Demonstranten im Herbst 2011 in Frankfurt am Main gegen die deutsche Regierung aufgewiegelt hätte?)

Nachdem militante nationalistische Kräfte, die vom Westen unterstützt wurden, das Geschehen dominierten, die Sicherheitskräfte attackierten, Rathäuser besetzten und Morde begingen[26], zog sich ein großer Teil der für freiheitlich-demokratische Verhältnisse eintretenden Demonstranten zurück. Janukowitsch musste aufgrund der gewalttätigen Proteste um sein Leben fürchten. Er floh nach Russland, und eine »Übergangsregierung« unter Vorsitz von Arsenij Jazenjuk übernahm in Kiew die Macht. Als Erstes war im Gespräch, die russische Sprache in der Ukraine zu verbieten. Am 12. März wurde Jazenjuk, der bereits am 17. Februar zu Besuch bei Kanzlerin Merkel in Berlin war, von Präsident Obama empfangen. Zuvor hatte Kerry ihm bereits die volle Unterstützung der Vereinigten Staaten und Kreditgarantien in Höhe von einer Milliarde Dollar zugesagt.

Von den westlichen Medien kaum problematisiert wurde Jazenjuks Kooperation mit den militanten Rechtsextremisten. Ein wahrscheinlich gefälschtes, aber bezeichnendes Foto zeigte ihn während einer Kundgebung auf dem Maidan-Platz mit dem Hitlergruß zwischen Oleg Tjagnibok und Vitali Klitschko. Dass sich die überwiegend russischsprechenden Ostukrainer nicht »von einer Sammlung von Verbrechern, Abkömmlingen ukrainischer Nazis und

---

[26] Susann Witt-Stahl, Todeslisten und Molotowcocktails; zit. n. http://www.hintergrund.de/201402273006/politik/welt/todeslisten-und-molotow-cocktails.html (22.09.14).

in den IWF und die EU verliebten Oligarchen«[27] regieren lassen wollten, ist nur zu verständlich.

3. Präsident Barack Obama im Gespräch mit Arsenij Jazenjuk, dem Ministerpräsidenten der Ukraine, im Oval Office am Ende ihres bilateralen Treffens am 12. März 2014.
(Foto: Pete Souza, Offizielles Weißes Haus Foto / CC BY 3.0 US)

[27] Karel van Wolferen, The Ukraine, Corrupted Journalism, and the Atlanticist Faith; zit. n.: http://www.unz.com/article/the-ukraine-corrupted-journalism-and-the-atlanticist-faith/ (22.09.14).

Folgen des Umsturzes und erste Reaktionen Russlands

Infolge des Staatsstreichs in Kiew kam es zu einer separatistischen Bewegung unter der russischsprachigen Bevölkerung auf der Krim, deren Parlament nach einem am 16. März 2014 durchgeführten Referendum die »Republik Krim« ausrief und der Russischen Föderation beitrat. Das geschah friedlich, im Einvernehmen mit der Bevölkerung. Obama und Merkel wie auch andere europäische Staatschefs protestierten scharf dagegen und kündigten Sanktionen an. Mitte April besuchten US-Vizepräsident Joe Biden und der CIA-Chef John Brennan ihre Marionette Jazenjuk und stärkten ihm den Rücken. Was insbesondere der Chef der CIA in der Ukraine zu suchen hatte, wurde in den westlichen Medien nicht hinterfragt.

4. Der ukrainische Ministerpräsident Jazenjuk traf am 7. Juni 2014 den US-Vize-Präsidenten Joe Biden.
(Foto: Webseite der ukrainischen Regierung und des Ministerpräsidenten Jazenjuk)

Die russische »Annexion« der Krim wurde als Bruch des Völkerrechts verurteilt und dient weiterhin der Kampagne gegen Russland, wobei die Hintergründe wie auch das Selbstbestimmungsrecht der Bevölkerung, das sonst so hochgehalten wird, keine Rolle spielen. Van Wolferen, der von einem »Atlantizismus« unter Dominanz der USA als einer Art programmatischer Festlegung für die westliche Politik ausgeht, vertritt dazu die Meinung: »Vom Atlantizismus angestiftete Geschichtsvergessenheit zeigt sich schmerzlich in der Behauptung, der ultimative Beweis in der Sache gegen Wladimir Putin sei seine Invasion der Krim.«[28] Hier sei die politische Realität wieder von den amerikanischen Mainstream-Medien gemacht worden. »Es gab keine Invasion«, schreibt er, »denn russische Matrosen und Soldaten waren bereits dort, da dort ja der ›Warmwasser‹-Schwarzmeer-Heimatstützpunkt der russischen Marine ist. Die Krim war schon so lange ein Teil Russlands wie es die USA überhaupt gibt. 1954 gab Chruschtschow, der selbst aus der Ukraine kam, sie an die ukrainische sozialistische Republik, was im Gefüge der UdSSR nicht mehr bedeutete, als eine Region einer anderen Provinz zuzuordnen, da Russland und die Ukraine ja zu demselben Land gehörten. Der russisch-sprechenden Krim-Bevölkerung war das ganz recht, sie stimmten in einem Referendum erst für die Unabhängigkeit vom Kiew-Regime, das das Ergebnis eines Staatsstreichs war, und anschließend für eine Wiedervereinigung mit Russland.«[29] Scheinheiliges Gerede über territoriale Integrität und Souveränität ergebe unter diesen Umständen gar keinen Sinn, und wenn es aus einem Washington komme, das seiner-

---

[28] Van Wolferen, a.a.O.

[29] Van Wolferen, a.a.O.

seits das Konzept der Souveränität in seiner Außenpolitik längst verworfen hat, dann sei es geradezu grotesk.

Derselben Ansicht ist der Historiker und ehemalige US-Botschafter in Russland, Jack Matlock: »Wenn China anfangen würde, eine Militärallianz mit Kanada und Mexiko zu organisieren, würden die USA das nicht tolerieren. Wir würden uns auch nicht auf abstrakte Prinzipien von internationalem Recht beschränken lassen. Wir würden das verhindern ... Putin handelt so, wie jeder russische politische Verantwortliche unter diesen Umständen handeln würde. Der Umsturz in Kiew im vergangenen Februar hat Leute in den Sicherheitsapparat gebracht, die vehement antirussisch sind und die politisch so weit rechts stehen, dass man sie ohne Übertreibung Neonazis nennen kann.« Das, so sagt Matlock, sollte »auch Westeuropa beunruhigen«.[30]

Jakob Augstein, Herausgeber des *Freitag*, schrieb am 24. März 2014 im *Spiegel*: »Mit Sanktionen und Säbelrasseln schüren die EU und USA die Furcht vor einer russischen Expansion. Das ist die falsche Antwort auf Putins Griff nach der Krim. Denn der Expansionsdrang des Kreml-Chefs ist nicht unersättlich – anders als der des Westens.«[31]

Und der Herausgeber des *Handelsblatts*, Gabor Steingart, schrieb am 14. März 2014: »Der russische Präsident Wladimir Putin ist nicht der ruchlose Aggressor, den der

---

[30] Jack Matlock, Ex-US-Botschafter über Ukraine-Krise. ›Das ist ein Familienstreit‹; zit. n.: http://www.taz.de/Ex-US-Botschafter-ueber-Ukraine-Krise/!145581/ (22.09.14).

[31] Jakob Augstein, S.P.O.N. - Im Zweifel links. Das falsche Feindbild, zit. n.: http://www.spiegel.de/politik/ausland/augstein-kolumne-putin-und-der-westen-in-der-krim-krise-a-960354.html (22.09.14).

Westen aus ihm macht – er verteidigt die selbstverständlichen Interessen seines Landes.« Steingart meint, der Westen betreibe das, »was die Amerikaner in lichteren Momenten ›Pitbull-Politics‹ getauft haben … Politik mit gefletschten Zähnen, aber ohne Hirn«. Er ist der Überzeugung, die Krim gehöre zu Russland »wie Vermont zu den USA«. Nur aufgrund einer Wodkalaune Chruschtschows sei sie 1954 nach 171 Jahren russischer Staatszugehörigkeit der Ukraine zugesprochen worden.[32]

Die Frage stellt sich, ob die westlichen Militärs wirklich so dilettantisch sind oder so naiv waren anzunehmen, dass Russland die fortschreitende Einkreisungspolitik widerstandslos hinnehmen und seinen Flottenstützpunkt am Schwarzen Meer in Frage stellen lassen würde.

Davon war nicht auszugehen, denn bereits 2007 hatte Wladimir Putin, der nun für alles herhalten sollte, auf der Münchner Sicherheitskonferenz mit deutlichen Worten das aggressive Vorgehen der NATO in Osteuropa analysiert, und es ist sinnvoll, sich diese Rede, die kaum Beachtung fand, in Erinnerung zu rufen. Putin sagte unter anderem:

»Ich denke, es ist offensichtlich, dass der Prozess der NATO-Erweiterung keinerlei Bezug zur Modernisierung der Allianz selbst oder zur Gewährleistung der Sicherheit in Europa hat. Im Gegenteil, das ist ein provozierender Faktor, der das Niveau des gegenseitigen Vertrauens senkt. Nun haben wir das Recht zu fragen: Gegen wen richtet sich diese Er-

---

[32] Gabor Steingart, Entpört Euch!; zit. n.: http://www.handelsblatt.com/meinung/kommentare/krim-krise-entpoert-euch/9616684.html (22.09.14).

weiterung? Und was ist aus jenen Versicherungen geworden, die uns die westlichen Partner nach dem Zerfall des Warschauer Vertrages gegeben haben? Wo sind jetzt diese Erklärungen? An sie erinnert man sich nicht einmal mehr. Doch ich erlaube mir, vor diesem Auditorium daran zu erinnern, was gesagt wurde. Ich möchte ein Zitat von einem Auftritt des Generalsekretärs der NATO, Herrn Wörner, am 17. Mai 1990 in Brüssel bringen. Damals sagte er: ›Schon der Fakt, dass wir bereit sind, die NATO-Streitkräfte nicht hinter den Grenzen der BRD zu stationieren, gibt der Sowjetunion feste Sicherheitsgarantien.‹ Wo sind diese Garantien?
Die Steine und Betonblocks der Berliner Mauer sind schon längst zu Souvenirs geworden. Aber man darf nicht vergessen, dass ihr Fall auch möglich wurde dank der historischen Wahl, auch unseres Volkes, des Volkes Russlands, eine Wahl zugunsten der Demokratie und Freiheit, der Offenheit und echten Partnerschaft mit allen Mitgliedern der großen europäischen Familie.
Jetzt versucht man, uns schon wieder neue Teilungslinien und Mauern aufzudrängen – wenn auch virtuelle, trotzdem trennende, die unseren gesamten Kontinent teilen. Soll es nun etwa wieder viele Jahre und Jahrzehnte dauern und den Wechsel von einigen Politiker-Generationen, um diese neuen Mauern zu ›demontieren‹?«[33]

Weder die deutsche Bundeskanzlerin noch der amerikanische Präsident hielten es für nötig, sich darauf einzulassen.

---

[33] Wladimir Putin, Rede des russischen Präsidenten Wladimir Putin auf der 43. Münchner ›Sicherheitskonferenz‹ in deutscher Übersetzung; zit. n.: http://www.ag-friedensforschung.de/themen/Sicherheitskonferenz/2007-putin-dt.html (22.09.14).

Nach der Krim sagten sich auch andere ostukrainische Gebiete von der Putschregierung in Kiew los, und im April 2014 wurden die Volksrepubliken Donezk und Luhansk ausgerufen. Dem stimmte die große Mehrheit der dortigen Bevölkerung in den Mitte Mai 2014 durchgeführten Referenden zu. Selbsternannte »Volksmilizen« besetzten administrative Gebäude und übernahmen die Staatsgewalt. Die Republiken wurden jedoch international nicht anerkannt; auch die Moskauer Regierung erklärte lediglich, man respektiere den Willen der Bevölkerung dieser Gebiete. Die westukrainische Nationalgarde und Teile der Armee starteten eine »Anti-Terror-Operation«, die sich rasch zum Bürgerkrieg ausweitete.

Lügen und Hetze

Während die Wahlen in Syrien als Farce bezeichnet wurden, feierten die westlichen Politiker und ihre Medien die Wahlen des Oligarchen Petro Poroschenko am 25. Mai 2014 als einen »Gewinn für die Demokratie«.[34] Unbeachtlich war, dass Poroschenko, ein Milliardär und Profiteur des neoliberalen Umbruchs, aufgrund der kriegerischen Auseinandersetzungen in der Ostukraine lediglich von einem Teil der Bevölkerung gewählt wurde. Erstaunlich, denn genau das wurde wenige Tage zuvor Syriens Machthaber Baschar al-Assad von denselben Politikern und Medien vorgeworfen. Offensichtlich gibt es keine Moral, wo Ideologie und Fanatismus herrschen.

Erwiesen ist, dass subversive Kräfte, insbesondere westliche Geheimdienste und allen voran die CIA, die Maidan-Bewegung vorbereitet und finanziert haben, wobei von vornherein politische Extremisten einbezogen waren. Ferner ist bekannt, dass sich hochrangige westliche Politiker seit Jahren in die inneren Angelegenheiten der Ukraine eingemischt haben. Dann gaben sich seit Februar 2014 der US-Außenminister Kerry und die Außenminister Deutschlands, Frankreichs und Polens in Kiew die Klinke in die Hand. Das Land wurde zum Spielball machtpolitischer und wirtschaftlicher Interessen mit den bekannten gravierenden Folgen. Wo in den westlichen Leitmedien wurde das – wenn schon nicht verurteilt –, so doch wenigstens thematisiert?

---

[34] Joachim Gauck, Glückwünsche an Petro Poroschenko zur Wahl zum Präsidenten der Ukraine; zit. n.: http://www.bundespraesident.de/SharedDocs/Berichte/DE/Joachim-Gauck/2014/05/140526-Gratulation-Wahlen-Ukraine.html (22.09.14).

Es gab fortwährend ernsthafte Provokationen, Verbrechen und Morde der prowestlichen Separatisten in Kiew. Zum Beispiel ging aus einem abgehörten Telefongespräch der Außenbeauftragte der EU, Catherine Ashton, mit dem estnischen Außenminister Urmas Paet hervor,[35] dass der EU Ende Februar 2014 Informationen vorlagen, wonach die Todesschützen am Maidan-Platz nicht im Auftrag des gestürzten Präsidenten Victor Janukowitsch gehandelt haben sollen, sondern im Auftrag einer Gruppe, die der neuen Koalitionsregierung angehörte und auch in der neuen Regierung wichtige Ämter besetzt hat. Wer wundert sich unter diesen Umständen, dass die Morde bis heute nicht aufgeklärt wurden? Die westlichen Medien schweigen dazu.

Selbst die Ermordung von 48 prorussischen Demonstranten in Odessa, wo prowestliche Nationalisten das Gewerkschaftshaus in Brand gesetzt hatten, war keinen Leitartikel wert. Die Zeitungen berichteten von einer »Anti-Terror-Operation«[36] und »heftigen Gefechten gegen moskautreue Separatisten«[37] in der Ostukraine, obwohl zu diesem Zeitpunkt schon jeder wusste, dass dort Bürgerkrieg herrschte. In den *ARD-Tagesthemen* wurde und wird nach wie vor behauptet, der Kreml steuere die De-

[35] »Baronesse Ashton & Urmas Paet - Das abgehörte Telefonat – Deutsch«; zit. n.: https://www.youtube.com/watch?v=cVF89aY0MzY (22.09.14).

[36] »Krise in der Ukraine, OSZE-Militärbeobachter berichtet von ›ständig steigender Bedrohung‹«; zit. n.: http://www.sueddeutsche.de/politik/krise-in-der-ukraine-osze-militaerbeobachter-berichtet-von-staendig-steigender-bedrohung-1.1949398 (22.09.14).

[37] Wolfgang Bittner, Die Ukraine-USA-EU-Russland-Krise. Lügen, Hetze, Drohungen; zit. n.: http://www.hintergrund.de/201405283110/politik/welt/die-ukraine-usa-eu-russland-krise.html (22.09.14).

stabilisierung der Ukraine, wobei der unsägliche Moderator Thomas Roth mit Unterstützung voreingenommener Korrespondentinnen wie Golineh Atai eine besonders unrühmliche Rolle spielt.[38]

Eine erneute heftige Medienkampagne gegen Russland und wieder namentlich gegen Wladimir Putin gab es, nachdem am 17. Juli 2014 ein malaysisches Passagierflugzeug (Flug MH17) mit 298 Passagieren über der Ostukraine abgestürzt war. Das Kiewer Außenministerium erklärte noch am selben Tag, die Maschine sei mit einer russischen Rakete des Systems BUK abgeschossen worden. Nahezu sämtliche westlichen Medien übernahmen diese Meldung und verursachten einen Sturm der Entrüstung und des Hasses gegen Russland, noch bevor es irgendeine Untersuchung gegeben hatte.

Der ukrainische Präsident Poroschenko sprach von einem »terroristischen Akt«, für den Putin verantwortlich sei. Und der ehemalige Boxer Vitali Klitschko, inzwischen Bürgermeister von Kiew, sagte der *Bild*-Zeitung, die internationale Gemeinschaft müsse »endgültig verstehen, dass es sich hier um einen Krieg handelt und Russland mit hochmodernen Waffen und ausgebildeten Kämpfern in diesen Krieg eingreift.«[39] Er forderte, der russische Präsident Putin müsse »endlich zur Verantwortung gezogen werden«.[40]

---

[38] Uli Gellermann, Virtuelle Realität. Die Ukraine-Berichterstattung von ARD und ZDF; zit. n.: http://www.jungewelt.de/2014/07-19/002.php (24.09.14).

[39] Deutsche Presse-Agentur dpa, Klitschko »Tragödie dramatischen Ausmaßes«; zit. n.: http://www.bild.de/news/aktuell/klitschko-tragoedie-dramatischen-ausmasses-36865890.bild.html (22.09.14).

[40] Deutsche Presse-Agentur dpa, a.a.O.

Kein Wort in den Medien über die unterdrückten Informationen der US-Satellitenüberwachung und der ukrainischen Flugsicherung; tagelang wurde immer wieder behauptet, die »prorussischen Verbrecher« hätten die beiden Flugdatenschreiber der Maschine versteckt und verzögerten die Herausgabe. Als die internationale Sicherheitskommission den Empfang der Boxen bestätigte und feststellte, alles sei korrekt geschehen und die Geräte unversehrt, war dies kaum eine Erwähnung wert.

Die nach dem Absturz des Passagierflugzeugs gegen Russland gerichtete Propaganda ist ein Tiefpunkt journalistischer »Berichterstattung«, man kann im Nachhinein wohl sagen: eine einzige Lumperei. Beteiligt waren in Deutschland fast sämtlich größeren Medien. Aber die Ursachen des Flugzeugabsturzes sind bis heute nicht geklärt. Nach monatelangen wissenschaftlichen Untersuchungen gaben niederländische Flug-Experten bekannt, die Maschine sei abgeschossen worden – wie und von wem sagten sie nicht. Trotz der intensiven Satellitenüberwachung gibt es keine Beweise für eine Beteiligung Russlands, nur Schuldzuweisungen, die immer heftiger wurden.

Van Wolferen schreibt: »Die Beinahe-Hysterie während der Woche nach dem Flugzeugabschuss hat verhindert, dass Leute mit Wissen über einschlägige Geschichten ihren Mund aufmachten. Arbeitsplatzsicherheit ist in der heutigen Welt des Journalismus ziemlich wackelig, und gegen den Strom zu schwimmen, käme fast einem Paktieren mit dem Teufel gleich, weil es die journalistische ›Glaubwürdigkeit‹ beschädigen würde.«[41] Gabriele

---

[41] Karel van Wolferen, The Ukraine, Corrupted Journalism, and the Atlanticist Faith; zit. n.: http://www.unz.com/article/the-ukraine-corrupted-journalism-and-the-atlanticist-faith/ (22.09.14).

Krone-Schmalz sagt: »Es grenzt ja an Selbstmord, wenn man Kollegen kritisiert.«[42]

---

[42] Gabriele Krone-Schmalz, Das darf nicht sein – NDR/ZAPP; zit. n.: http://www.youtube.com/watch?v=22VfEe1RkH8 (24.09.14).

Sogleich geht es zur nächsten Denunziation. Ein aus 287 weiß angestrichenen Lastwagen bestehender russischer Konvoi mit Hilfsgütern sollte angeblich Waffen für die ostukrainischen Aufständischen transportieren. In den umkämpften Gebieten gab es weder Wasser noch Strom und kaum noch Lebensmittel, die Zivilbevölkerung litt. Doch die Kiewer Regierung verbot mit fadenscheiniger Begründung die Weiterfahrt des Konvois, obwohl die Lastwagen durchsucht werden konnten. Poroschenko protestierte gegen eine »russische Invasion« und verlangte militärischen Beistand von der NATO.

Dazu lesen wir im *Tagesspiegel* vom 23. August 2014: »Unter der Farbe der Unschuld hat Russland eine neue Stufe der Provokation gegen die Ukraine gestartet.«[43] »Genial und heimtückisch«[44] sei die Idee gewesen, diesen Hilfskonvoi auf den Weg zu bringen, in dem statt Wasser und Nahrung »Panzerfäuste oder gar frische russische Kämpfer« transportiert worden sein könnten.[45] Schon die Wortwahl und der Konjunktiv beweisen die Niedertracht. Wer hätte gedacht, dass der einst seriöse und angesehene *Tagesspiegel* so weit herunterkommen könnte.

Die westlichen Medien überbieten sich in der Ukraine-Krise seit mehr als einem Jahr in Lügen, Gemeinheiten und – wo es ins Konzept passt – geheuchelter Anteilnahme und inszenierter Empörung. Wie ist ein solches Versagen

---

[43] Hans Monath, Merkel reist nach Kiew. Putin provoziert; zit. n.: http://www.tagesspiegel.de/meinung/ukraine-konflikt-merkel-reist-nach-kiew-putin-provoziert/10371362.html (22.09.14).

[44] Hans Monath, a.a.O.

[45] Hans Monath, a.a.O.

auf ganzer Linie möglich – so fragen wir uns. Wir wissen es, seit bekannt wurde, dass nicht nur viele der führenden Politiker, sondern ebenso Journalisten in maßgeblichen Positionen Think Tanks und anderen Vereinigungen angehören oder nahestehen, die von staatlichen Stellen, zum Beispiel dem US-Außenministerium, der CIA oder sonstigen interessierten Organisationen und Konzernen finanziert werden. Dazu gehören die Atlantik-Brücke, Goldman Sachs Foundation, The American Interest, Deutsche Gesellschaft für Auswärtige Politik, Atlantische Initiative und Münchner Sicherheitskonferenz.

Der Medienwissenschaftler Uwe Krüger, der über die Verbindungen deutscher Anchorjournalisten zu außen- und sicherheitspolitisch aktiven Eliten geforscht hat, veröffentlichte seine beängstigenden Ergebnisse 2013 in dem Buch »Meinungsmacht«.[46] Er hat beobachtet, dass sich Journalisten in verschiedenen Zirkeln mit einflussreichen Persönlichkeiten aus Politik und Wirtschaft treffen, und sich dieses Eingebundensein in ihrer journalistischen Arbeit niederschlägt. Er nennt Namen: »Am auffälligsten war der Befund, dass vier leitende Journalisten der *Süddeutschen* (Kornelius), der *Frankfurter Allgemeinen Zeitung* (Frankenberger), der *WELT* (Stürmer) und der *Zeit* (Joffe) stark in US- und NATO-affinen Strukturen eingebunden sind.«

Albrecht Müller schreibt: »Die Liste der ähnlich mit Eliten verwobenen Journalistinnen und Journalisten wäre gewaltig zu erweitern, wollte man ein komplettes Bild der Einflussnahme zeichnen. In meiner Darstellung fehlen *Spiegel* und *Spiegel Online*, die *Bild*-Zeitung, die

[46] Uwe Krüger, Meinungsmacht, Köln 2013.

kommerziellen Sender und große Regionalzeitungen. Überall ist die Gleichrichtung spürbar.«[47]

Der Schweizer Historiker und Friedensforscher Daniele Ganser lenkt den Blick auf die Berichterstattung über das Nordatlantische Verteidigungsbündnis: »Die NATO hat in verschiedenen Medien in Deutschland, Österreich und der Schweiz befreundete Journalisten, welche immer im Sinne der NATO schreiben. Das nennt man ›Information Warfare‹. Das ist Teil des Krieges … Seit Vietnam haben die USA gelernt, dass die Heimatfront ganz wichtig ist. Daher verfolgt man die einfache Technik: Den Gegner, in diesem Fall Putin, dämonisieren, Chaos schüren und die eigene Gewalt verdecken und Spuren verwischen.«[48]

Ganser, der über ›NATO-Geheimarmeen‹ geforscht hat, fährt fort: »Man kann mit Fug und Recht feststellen, dass es eine Art ›NATO-Netzwerk‹ in den Medien gibt. Kritische Fragen zum 9/11-Bündnisfall sind völlig tabu. Auch bei der Ukraine ist es wieder dasselbe, Pro-NATO, Anti-Putin. Sie können das einfach erkennen, wenn Sie beobachten, wie der *Spiegel*, die *NZZ*, die *Süddeutsche*, die *FAZ*, *Newsweek*, *CNN* sowie *ZDF* und *ARD* fast alle in die gleiche Kerbe hauen: In fast jedem Bericht zur Ukraine ist Putin der Böse. Die NATO-Osterweiterung wird praktisch nie erwähnt. Die Hintergründe des Regierungssturzes in Kiew werden nicht ausgeleuchtet.«[49]

---

[47] Albrecht Müller, Die US-nah organisierte Gleichschaltung wichtiger Leitmedien; zit. n.: http://www.nachdenkseiten.de/?p=21155 (22.09.14).

[48] Daniele Ganser, Die Nato dehnt sich aus und Russland nicht; zit. n.: http://www.nachdenkseiten.de/?p=23352 (24.09.14).

[49] Daniele Ganser, a.a.O.

Über seine Medien-Erfahrungen sagt Ganser: »Als ich *Pro7* und *Sat1* Anfang September ein Interview gab und die NATO-Osterweiterung kritisierte – die schickten damals extra einen Kameramann nach Basel während des NATO-Gipfels in Wales – erhielt ich danach den Bescheid, man habe das Interview leider doch nicht senden können wegen der rasanten Entwicklung im Laufe des Tages. NATO-Kritik hat keinen Platz in den Massenmedien der NATO-Länder. Noam Chomsky hat das ›Manufacturing Consent‹ genannt, also das Herstellen von Zustimmung, Zustimmung zum Krieg am Ende.«[50]

Es ist offensichtlich und zutiefst beschämend: Die westlichen Medien, die in ihrer Mehrheit schon lange nicht mehr ihrer Aufgabe als »vierte Gewalt im Staate« nachkommen, berichten »staatstragend« im Sinne der Regierenden und ihrer verlogenen, brandgefährlichen Konfrontationspolitik. Der Schwerpunkt westlicher »journalistischer Tätigkeit« liegt in der willkürlichen Verurteilung Putins und Russlands. Während die Brandstifter für die Ukraine-Krise unter den Politikern und Agenten der USA und EU zu suchen sind, haben die Medien die Rolle des Brandbeschleunigers übernommen.

Van Wolferen analysiert das wie folgt: »Um die europäische Medienloyalität gegenüber Washington in Sachen Ukraine und das sklavische Verhalten europäischer Politiker ins rechte Licht zu rücken, muss man den Atlantizismus kennen und verstehen. Es ist ein europäischer Glaube. Er ist natürlich nicht zu einer offiziellen Doktrin geworden, funktioniert aber wie eine … Unnötig zu sagen, dass der Atlantizismus ein Kind des Kalten Krieges

---

[50] Daniele Ganser, a.a.O.

ist … Washington kann unerhörte Dinge tun und den Atlantizismus dennoch intakt lassen.«[51]

Journalisten, die der Objektivität und wahrheitsgemäßen Berichterstattung verpflichtet sein sollten, betreiben Meinungsmache und schärfste Propaganda in einer Weise, die für den gesunden Menschenverstand der Leser, Zuhörer und Zuschauer zutiefst beleidigend ist. Immer mehr Menschen scheinen das zu erkennen – das gibt Hoffnung auf einen zukünftigen Politikwechsel.

Ein »Aufruf gegen Kriegspropaganda und Kriegsvorbereitung« vom 25. Mai 2014, der von etwa 10.000 Bürgern unterzeichnet wurde, enthält die Sätze: »Alle Europäer, die Frieden wünschen, haben Grund zur Sorge und zum Protest: Der Konflikt um die Ukraine ist das Resultat der EU- und der NATO-Erweiterung. Die EU hat mit der Durchsetzung des Assoziierungsabkommens – und hier besonders der wirtschaftlichen und militärischen Elemente – wesentlich zur Entstehung des Konflikts um die Ukraine beigetragen. Offenkundig versuchen die USA und die EU, mit ihrer einseitigen Unterstützung der antirussischen und faschistischen Kräfte in der Ukraine, Russland militärisch einzukreisen. Die Stationierung von NATO-Truppen an der russischen Grenze eskaliert die Situation weiter. Es geht der Appell an alle Konfliktseiten (die Kiewer ›Regierung‹, Akteure vor Ort, die NATO, Russland, die EU) keine militärischen Mittel einzusetzen.«[52]

In einem weiteren Aufruf fordern zahlreiche Persönlichkeiten des öffentlichen Lebens, »alle diplomatischen

---

51 Van Wolferen, a.a.O.

52 Konstantin Wecker, Eckart Spoo u.a., Aufruf gegen Kriegspropaganda und Kriegsvorbereitung; zit. n.: https://www.openpetition.de/petition/online/aufruf-gegen-kriegspropaganda-und-kriegsvorbereitung (22.09.14).

Möglichkeiten auszuschöpfen, um die Konflikte in der Ukraine zu lösen« sowie »den Stopp von ökonomischen ›Strafmaßnahmen‹, die letztlich auf Kosten der Lebensbedingungen der Völker gehen«.[53]

[53] »Aus Sorge um den Frieden«; zit. n.: http://www.kontext-tv.de/node/421 (22.09.14).

Militarisierung

Nachdem der Abschuss des malaysischen Passagierflugzeugs schon wieder »in Vergessenheit« geraten war, gab es einen neuen Anlass für die Zuspitzung der Konfrontation und eine Ausweitung der NATO-Präsenz im östlichen Europa. Präsident Obama und der französische Präsident Hollande protestierten scharf gegen erneute Hilfslieferungen in die umkämpfte Großstadt Donezk und drohten Russland weitere Sanktionen an. Bundeskanzlerin Merkel flog nach Kiew und versprach eine sofortige Finanzhilfe von 500 Millionen Euro.

5. Am 23. August 2014 trafen sich Angela Merkel und der ukrainische Präsident Petro Poroschenko in Kiew.
(Foto: Webseite des ukrainischen Präsidenten Poroschenko)

Die Ukraine ist bankrott. Sie kann kaum die Versorgung ihrer Bevölkerung sicherstellen, überall mangelt es am Notwendigen, das Land hat enorme Schulden. Dennoch kündigte Poroschenko die Aufrüstung der Armee an, wofür 2,2 Milliarden Euro zur Verfügung gestellt werden sollen. Von wem? Von uns? Die Westukraine feierte am 24. August 2014 den Jahrestag der Unabhängigkeit von der Sowjetunion mit einer großartigen Militärparade. Bundespräsident Joachim Gauck gratulierte und Außenminister Pawlo Klimkin forderte die Unterstützung des Westens, nämlich eine Militärhilfe »ähnlich wie für den Irak«[54]. Kein Wort der Kritik in den deutschen Medien. Natürlich wird es nach Beendigung der völkerrechtswidrigen Kriegshandlungen, durch die Tausende Menschen getötet und verstümmelt worden sind und die Infrastruktur zerstört wurde, Wiederaufbauhilfen geben. Von wem? Von uns.

Unterdessen warf NATO-Generalsekretär Anders Fogh Rasmussen, der möglicherweise auf einen Krieg mit Russland aus ist, bei einem Besuch in Kiew Präsident Putin vor, die Ukraine zu destabilisieren. Er kündigte NATO-Manöver in der Westukraine an und sicherte der Kiewer Regierung die Unterstützung des Militärbündnisses zu, wörtlich: »Die NATO steht bereit, die Ukraine zu unterstützen«[55] – eine eklatante Überschreitung seiner Befugnisse.

Nicht überraschend, hat sich auch Bundespräsident Joachim Gauck, der für ein stärkeres weltweites militärisches Engagement Deutschlands eintritt, auf seine bellizistische Weise der Konfrontationspolitik gegen Russland ange-

---

[54] Deutsche Presse-Agentur dpa, Kiew fordert Militärhilfe ähnlich wie für den Irak; zit. n.: http://www.zeit.de/politik/ausland/2014-08/ukraine-fordert-militaerhilfe (22.09.14).

[55] »Rasmussen in Kiew. Nato-Chef: ›Wir stehen bereit‹«; zit. n.: http://www.deutschlandfunk.de/rasmussen-in-kiew-nato-chef-wir-stehen-bereit.1818.de.html?dram:article_id=293997 (22.09.14).

schlossen. Auf einer Gedenkfeier in Polen zum Beginn des Zweiten Weltkriegs appellierte er am 1. September 2014 an Russland, »zur Achtung der Prinzipien des Völkerrechts« zurückzukehren. Anstatt der 27 Millionen Kriegsopfer zu gedenken, die Russland zu beklagen hatte. Welch ein Hochmut spricht aus den Worten: »Nach dem Fall der Mauer hatten die Europäische Union, die NATO und die Gruppe der großen Industrienationen jeweils besondere Beziehungen zu Russland entwickelt und das Land auf verschiedene Weise integriert. Diese Partnerschaft ist von Russland de facto aufgekündigt worden.«[56]

Wer hätte noch vor wenigen Jahren gedacht, dass solche schandbare, schamlose Ignoranz und Geschichtsvergessenheit in Deutschland von höchster Stelle wieder möglich sein würde? Der ehemalige Staatssekretär im NRW-Wissenschaftsministerium und Mitherausgeber der NachDenkSeiten, Wolfgang Lieb, hält Gauck vor: »Der Überfall auf Polen wäre ein Gedenken wert gewesen, wie Kriege verhindert werden könnten, statt dass Reden gehalten werden und Entscheidungen getroffen werden, mit denen Kriegs- und Waffeneinsätze legitimiert werden.«[57] Gauck heize den Konflikt in der Ukraine an, während Kanzlerin Merkel die neue Militärdoktrin durchsetze, wonach »militärische Interventionen« als normale, beinahe alltägliche Elemente der Politik betrachtet werden. Und das Parlament finde sich damit ab, bei der deutschen Unterstützung einer Kriegspartei mit Waffen nur noch Beifall klatschen zu dürfen.

---

[56] Joachim Gauck, Text zu Gauck-Rede in Danzig; zit. n.: http://www.sueddeutsche.de/politik/text-zu-gauck-rede-in-danzig-stabilitaet-und-frieden-auf-unserem-kontinent-sind-in-gefahr-1.2112268 (22.09.14).

[57] Wolfgang Lieb, Der Überfall auf den Antikriegstag; zit. n.: http://www.nachdenkseiten.de/?p=23083 (22.09.14).

Immer mehr erfahrene ältere Politiker, Publizisten und Wissenschaftler, aber auch Künstler, Schriftsteller, Gewerkschafter und sogar hochrangige Militärs beziehen – unabhängig von Parteizugehörigkeiten – Stellung gegen die Konfrontationspolitik der westlichen Allianz. So auch der ehemalige NATO-General Harald Kujat, der dem Verteidigungsbündnis – und damit auch Politik und Medien – vorwirft, im Umgang mit Russland zu versagen: »Es geht darum, die Zusammenarbeit zwischen der NATO und Russland zu verbessern, bereit zu sein, Konflikte und Krisen zu lösen.« Die Rolle des Westens sieht er bemerkenswert kritisch: »Wir müssen nicht nur mit dem vorsichtig sein, was Russland sagt, sondern auch mit dem, was die Ukraine sagt und, leider Gottes muss ich das sagen, auch mit dem, was der Westen sagt … Das ist wirklich bedauerlich, dass die NATO hier auf so eklatante Weise versagt.«[58/59] Kujat leitete von 2002 bis 2005 den Militärausschuss der NATO, das höchste Beratungsgremium der Allianz. Als Generalinspekteur der Bundeswehr war er zeitweise der ranghöchste General der deutschen Streitkräfte und Berater der rot-grünen Bundesregierung.

Der ehemalige OSZE-Vizepräsident Willy Wimmer, der 33 Jahre dem Deutschen Bundestag angehörte, verteidigungspolitischer Sprecher der CDU/CSU sowie Parlamentarischer Staatssekretär im Verteidigungsministerium war, ist der Meinung:

»Das amerikanisch-Kiew-ukrainische Ziel dieses Vorgehens wird notfalls auf den offenen Krieg mit Russland aus sein,

---

[58] Bernd Riegert, Kujat: ›NATO Versagt auf eklatante Weise‹; zit. n.: http://www.dw.de/kujat-nato-versagt-auf-eklatante-weise/a-17893583 (22.09.14).

[59] Maybrit Illner, Putins neues Russland; zit. n.: https://www.youtube.com/watch?v=ZQBUpHLjgVo (22.09.14).

um letztlich die Ukraine als Bollwerk … gegen Russland nutzen zu können. Sollte es gelingen, die Ukraine derart den USA dienstbar zu machen, wird es einen kompletten Riegel unter US-Kontrolle zwischen dem Baltikum über Polen und die Ukraine zum Schwarzen Meer geben. Ein amerikanisches Ziel, das auf dem NATO-Gipfel in Riga 2006 schon einmal angesteuert worden ist. Da dieser amerikanische Vorstoß am Widerstand der Europäer seinerzeit gescheitert ist, hat jetzt Washington die Daumenschrauben gegenüber den unbotmäßigen Europäern angesetzt. Dann eben Totalkontrolle über die Ukraine ohne die Europäer.«[60]

6. Der ehemalige OSZE-Vizepräsident Willy Wimmer.
(Foto: privat)

---

[60] Willy Wimmer, Alarmstufe ›Rot‹ – ein weiterer Denkanstoß von Willy Wimmer; zit. n.: http://www.nachdenkseiten.de/?p=22379 (22.09.14).

Wimmer führt weiter aus, »dass jeder europäische Lösungsversuch der Ukraine-Krise durch den ukrainischen Präsidenten und seine Master in Washington hintertrieben wird«. Das »Drehbuch« liege in Washington. Mit den Massenmorden auf dem Maidan-Platz sei eine »Lunte für etwas Größeres bewusst gelegt« worden. Wimmer:

> *»Dabei spielte es für den Westen und hier vor allem für die grenzenlos willfährige ›Qualitätspresse‹ keine Rolle, aufzuklären, wer die Menschen auf dem Platz erschossen hat, um dem Umsturz die ›Krone‹ aufzusetzen. Bislang konnten die Opfer solcher Massaker davon ausgehen, dass der Westen um ihrer selbst willen die Täter anklagte. Heute ist gewiss, dass westliches Handeln eine Frage der Opportunität ist. Das nennt man gemeinhin ›moralische Verkommenheit‹. In Kiew und in der Frage, wer sich dort allgemein westlicher Unterstützung erfreut, kann sehr gut festgestellt werden, wie wenig von einer ehemals stolzen ›westlichen Wertegemeinschaft‹ übriggeblieben ist.«*[61]

---

61 Willy Wimmer, a.a.O.

Restauration und Indoktrination

Von den Kämpfen in dem von der NATO zusammengebombten Libyen hören und sehen wir gar nichts mehr, aus Afghanistan immer weniger, über den Irak erst wieder mehr, seit dort die Terrorgruppe »Islamischer Staat im Irak und in Syrien« (ISIS, neuerdings IS) auf dem Vormarsch ist, Blutbäder anrichtet und US-amerikanische Journalisten enthauptet.

7. Am 8. Juli 2014 besuchte Poroschenko die von den Ukrainischen Soldaten zurückeroberte Stadt Slawjansk.
(Foto: Webseite des ukrainischen Präsidenten Poroschenko)

Über die Kämpfe in der Ostukraine heißt es lapidar: »Die ukrainischen Sicherheitskräfte setzen ihre Offensive fort«[62], bei Luftangriffen seien zahlreiche Separatisten getötet und verletzt worden. Dann wieder erfahren wir: »Die Ukraine trauert.« Um wen? Um ihre gefallenen Soldaten, die Krieg gegen ihre eigenen Landsleute führen. Die von den USA installierte und unterhaltene Putschregierung in Kiew schreckt vor nichts zurück, aber die westlichen Medien verharmlosen, lügen und hetzen gegen Russland. Im Hintergrund agiert die CIA, schickt Söldnertrupps, koordiniert die Propaganda.

Barack Obama, der einstige Hoffnungsträger, entwickelt sich mehr und mehr zu einer Ausgeburt des Schreckens für die ganze Welt. Waren die Bush-Präsidenten schon furchtbar, scheint er sie inzwischen zu übertreffen. Er wird uns am 3. Juni 2014 vor einem amerikanischen Kampfjet auf polnischem Territorium präsentiert und er warnt Russland vor einer militärischen Intervention gegen westliche Staaten, für die es jedoch keinerlei Anzeichen gibt.[63] Er verspricht eine Milliarde Dollar für die zusätzliche Stationierung von Truppen in osteuropäischen Ländern (in die Destabilisierung der Ukraine wurden bis Dezember 2013 bereits fünf Milliarden Dollar »investiert«), während die Verelendung im eigenen Land zunimmt und die Staatsverschuldung auf die unvorstellbare Summe von 17,8 Billionen US-Dollar angewachsen ist. Er schwadroniert von Freiheit als kostbarem Gut, verspricht Polen, Litauen und

---

[62] »Krise in der Ukraine verschärft sich. Genfer Friedensabkommen offenbar am Ende«; zit. n.: http://www.daserste.de/information/politik-weltgeschehen/mittagsmagazin/ukraine-offensive-slawjansk-weltsicherheitsrat-100.html (22.09.14).

[63] »Europareise beginnt. Obama in Polen: Wir stehen zu unseren Verpflichtungen«; zit. n.: http://www.faz.net/aktuell/politik/barack-obama-beginnt-europareise-in-polen-12969830.html (22.09.14).

Rumänien, die USA als »stärkste Militärmacht der Welt« und die NATO stünden an ihrer Seite. Wir dürfen uns fragen: Zu welchem Zweck? Und was haben Obama und seine Militärmacht in Polen, im Baltikum und in Rumänien zu suchen? Wie kommen die USA und Deutschland dazu, Kriegsschiffe ins Schwarze Meer vor die Küste Russlands zu schicken und dort Manöver abzuhalten? Aber die westlichen Politiker und ihre Sprachrohre verkehren die Tatsachen und sprechen von einer Bedrohung durch Russland.

Maßgebend ist in allem die US-Regierung, deren katastrophale Außenpolitik zu immer neuen Krisen führt, die dann mit militärischen Mitteln eingegrenzt werden sollen (so auch wieder gegen die sogenannte IS, deren Erstarken die USA erst ermöglicht haben). Seit dem Zusammenbruch der Sowjetunion, so schreibt van Wolferen, sei die US-amerikanische Politik eine »Geschichte wirklich atemberaubender Lügen: Über Panama, Afghanistan, Irak, Syrien, Venezuela, Libyen und Nordkorea; ihre Statistik gestürzter Regierungen; ihre geheimen und unter falscher Flagge geführten Operationen; und ihre verstohlenen Besetzungen des Planeten mit einigen tausend Militärbasen.« Das alles werde »praktisch nicht mit in die Betrachtung einbezogen«.[64]

Wimmer spricht von »Restbeständen der Demokratie«. Es ist zu befürchten, dass er recht hat. Die US-Regierung mit der Rüstungs- und Erdöl-Lobby im Rücken geht im wahrsten Sinne des Wortes über Leichen. Aufstände in Bahrain werden mit westlicher Waffentechnik nieder-

---

[64] Karel van Wolferen, The Ukraine, Corrupted Journalism, and the Atlanticist Faith; zit. n.: http://www.unz.com/article/the-ukraine-corrupted-journalism-and-the-atlanticist-faith/(22.09.14).

geschlagen, Massendemonstrationen in der Türkei sind kaum der Rede wert, Obama lügt und grinst in die Kamera. Und obwohl viele der Lügen entlarvt, viele der Verbrechen aufgedeckt werden, ändert das nichts.

Nach neueren statistischen Erhebungen machen sich 72 Prozent der deutschen Bevölkerung Sorgen wegen der aktuellen Politik Putins, und 43 Prozent haben Angst vor Russland,[65] was aufgrund der fast einhelligen Medienhetze kein Wunder ist. Aber betrachten wir die Fakten, gibt es heute »gute Gründe dafür, vor den USA Angst zu haben, vermutlich mehr Angst zu haben als vor Russland« – so Albrecht Müller. Er schreibt: »Das hat viel mit der inneren Entwicklung der USA zu tun – mit dem Vormarsch der Neokonservativen und der Rechten im Umfeld der Teaparty. Obama ist der Präsident, aber er bestimmt offensichtlich nicht alleine die Linie der Politik und der damit verbundenen Verlautbarungen. Das Land ist kaputt, voller Gewalt …«[66]

Der US-amerikanische Soziologe Norman Birnbaum schreibt über den Präsidenten und die USA: »Obama, der in den Anfängen seiner Karriere in Deutschland und Europa so positiv gesehen wurde, ist Gefangener des Imperiums. In gewisser Weise ist er ein widerwilliger (und zunehmend müder) Gefangener. Vielleicht will er sich zu befreien versuchen, vielleicht nicht. Die Frage ist unbeantwortet, aber es ist klar, dass die Europäer (und allen voran

---

65 Statista, Angst vor Russland als internationaler Großmacht; zit. n.: http://de.statista.com/statistik/daten/studie/1667/umfrage/angst-vor-russland-als-internationaler-grossmacht/ (22.09.14).

66 Albrecht Müller, Bemerkenswertes zum neuen Kalten Krieg und warum die NachDenkSeiten einseitig berichten und kommentieren; zit. n.: http://www.nachdenkseiten.de/?p=23158 (22.09.14).

die Deutschen) ihm genau dabei helfen könnten, indem sie gegen seinen Rückzug in imperialistische Abenteuer opponieren. Es gibt, selbst in Washington, einen erheblichen Anteil Amerikaner, die eine Demonstration europäischer Unabhängigkeit begrüßen würden.«[67]

Mag sein, dass Norman Birnbaum, der ein genauer Beobachter und Analyst der Politik seines Landes ist, recht hat. Aber das hieße, dass die neokonservativen und rechtsextremistischen Kräfte in Wirklichkeit die bellizistische Politik in den USA bestimmen, getragen von einer breiten ungebildeten und leicht zu beeinflussenden Bevölkerung, obwohl die gemäßigteren Demokraten die Regierung stellen. Birnbaum ist der Auffassung: »Die frühere Botschaft des Präsidenten, dass eine komplexe Welt komplexe Lösungen brauche, die Zeit brauchen und niemals ideal sind, ist für sich schon zu komplex für viele unserer Bürger. Gleichzeitig leugnen dies viele von denen, die wissen, dass es so ist – aus karrieretaktischen Gründen oder aus politischem Kalkül. Was auch immer unsere Kriegspartei (Akademiker, Bürokraten, Journalisten, Offiziere, Politiker und große Bereiche von Wirtschaft und Finanzwesen, die von unserem Imperium profitieren) sonst noch charakterisieren mag – strikte intellektuelle Redlichkeit ist sicher nicht ihr markantester Wesenszug.«[68]

Das angebliche Eintreten für Demokratie und Recht hat sich als Vorwand für eine Politik entlarvt, die im machiavellistischen Sinn – der Zweck heiligt die Mittel – die ganze Welt destruiert. Zu Recht sagt Egon Bahr, einer der entscheidenden Vordenker der Entspannungspolitik Wil-

---

[67] Norman Birnbaum, Gefangener des Imperiums, zit. n.: http://www.nachdenkseiten.de/?p=23310 (24.09.14).

[68] Norman Birnbaum, a.a.O.

ly Brandts: »In der internationalen Politik geht es nie um Demokratie oder Menschenrechte. Es geht um die Interessen von Staaten.«[69] Das zeigt sich bei fast allen sogenannten »humanitären Einsätzen« der vergangenen Jahre. Bahr ist der Auffassung, »dass wir in einer Vorkriegszeit leben«.

Die Menschen werden manipuliert, sie werden drangsaliert, überwacht, abgezockt, in Kriege, Mord und Totschlag verwickelt, aber das alles wird als Normalität vermittelt. Ein großer Teil der Bevölkerung verblödet (Couch-Potatoes und »Tittitainment«) oder zieht sich ins Private zurück. »Was kümmert's mich, solange es mir gut geht«, ist zu hören. Oder: »Sie sind sowieso alle korrupt …« Viereinhalb Millionen Hartz-4-Empfänger in Deutschland, Kinderarmut, ein Viertel der Bevölkerung lebt unterhalb oder am Rande des Existenzminimums. Nachts im Fernsehen: Blut und Sperma, Dreck und Horror; in den Kinderzimmern – soweit vorhanden – Kitsch und Kram.

In den Mittelmeerstaaten sind mehr als fünfzig Prozent der jungen Menschen arbeitslos, ein Rettungspaket nach dem anderen wird verabschiedet: Geld für die Banken. Und Geld natürlich für die Rüstung. NATO-Generalsekretär Rasmussen fordert die Mitgliedstaaten der Militärallianz auf, angesichts einer »neuen Sicherheitslage in Europa«[70] ihre Verteidigungsausgaben zu erhöhen, und

---

[69] »Egon Bahr schockt die Schüler:›Es kann Krieg geben‹«; zit. n.: https://lampedusasolidarity.wordpress.com/2013/12/07/egon-bahr-schockt-schuler-ich-ein-alter-mann-sage-euch-dass-wir-in-einer-vorkriegszeit-leben-hitler-bedeutet-krieg-habe-sein-vater-1933-zu-ihm-gesagt-als-heranwachsender-habe-er-das-n/ (22.09.14).

[70] »NATO denkt über ›neue Sicherheitslage‹ in Europa nach«; zit. n.: http://www.dw.de/nato-denkt-über-neue-sicherheitslage-in-europa-nach/a-17678150 (23.09.14).

Bundespräsident Gauck verlangt »ein Ja zu einer aktiven Teilnahme an Konfliktlösungen im größeren Rahmen«, auch mit militärischen Mitteln.[71] Die Bevölkerung wird zur Kasse gebeten, in den Städten und Gemeinden werden viele der sozialen Errungenschaften der vergangenen Jahrzehnte abgebaut.

Die NSA (National Security Agency), eine Verbrecherorganisation, die im Auftrag der kriminellen US-Regierung die ganze Welt ausspäht und überwacht, macht weiter wie bisher, als gäbe es weder nationales noch internationales Recht. Auch die deutschen Dienste, die mit der NSA zusammenarbeiten, bleiben unbehelligt, ihre Budgets wurden noch aufgestockt. Die Untersuchungen zum NSU (Nationalsozialistischer Untergrund), dem neun ausländische Mitbürger und eine Polizistin zum Opfer fielen, verlaufen im Sande; Beweise wurden vernichtet, die Haupttäter sind unter seltsamsten Umständen ums Leben gekommen und samt Beweismaterial verbrannt. Es wird vertuscht, abgewiegelt, gelogen, dass sich die Balken biegen, doch das alles hat keine Konsequenzen.

Wer hätte um die Jahrtausendwende gedacht, dass es so offensichtlich so weit kommen könnte? Was ist aus den guten Ansätzen geworden? Wer erinnert sich noch an Willy Brandts »Wandel durch Annäherung«? Dass viele Hoffnungen durch Morde an Politikern wie Patrice Lumumba, Salvador Allende, Olof Palme oder Jitzchak Rabin zunichte gemacht wurden, ist lange vergessen. Die Bevölkerung wird abgelenkt, mit Halbwahrheit, Lügen

---

[71] Hans-Joachim Wiese, Gauck: ›Auch zu Waffen greifen‹; zit. n.: http://www.deutschlandfunk.de/aussenpolitik-gauck-auch-zu-waffen-greifen.694.de.html?dram:article_id=289120 (22.09.14).

und Hetze bombardiert. Wer nicht mitmacht, wer sich querstellt, wird disqualifiziert, diffamiert oder – was noch wirkungsvoller ist – totgeschwiegen.

Bürgerkrieg

Seit Monaten marschiert jetzt die NATO an den Grenzen Russlands auf. Deutsche Kampfflugzeuge sind im Baltikum stationiert, deutsche Kriegsschiffe in der Ostsee und im Schwarzen Meer; das US-Militär ist ohnehin überall an den Grenzen Russlands massiv vertreten und die NATO schleicht sich schon seit Jahren nach Osten. Zugleich fordern die Westmächte Russland gebetsmühlenartig auf, seine Soldaten aus den eigenen Grenzbereichen zurückzuziehen. Präsident Obama und Bundeskanzlerin Merkel drohen dem »Russenherrscher« Putin, den sie als Verursacher der Krise bezeichnen, mit immer weiteren Sanktionen.

8. Während seines Aufenthalts in Riyahd, Saudi Arabien telefonierte Präsident Obama am 28. März 2014 mit dem russischen Präsidenten Wladimir Putin. Beim Präsidenten sind sein Außenminister John Kerry und seine nationale Sicherheitsberaterin Susan E. Rice.
(Foto: Pete Souza, Offizielles Weißes Haus Foto / CC BY 3.0 US)

Aber »keine einzige ökonomische Sanktion wird Putin davon abhalten, das zu tun, wovon er überzeugt ist, dass er es tun muss«, sagt Jack Matlock. »Erstens für die Sicherheit seines Landes und zweitens, um sich selbst im Amt zu halten. Er hat seine eigene Popularität von unter 50 Prozent auf über 85 Prozent gebracht. Die ersten Sanktionen waren gegen bestimmte Individuen und Unternehmen gerichtet. Aber wenn man breitere Sanktionen macht, die das Volk treffen, dann wird es noch feindseliger und gute Nachbarschaft wird unwahrscheinlicher.«[72]

Währenddessen schickte Poroschenko seine Bataillone mit Panzern und Artillerie in den Osten des Landes und ließ die Großstädte Donezk und Luhansk zusammenschießen und bombardieren. Schon gleich nach seinem Amtsantritt hatte er bekanntgegeben, er wolle mit »harter Hand« gegen die Separatisten in der Ostukraine vorgehen, die er von Russland gesteuerte Terroristen nannte. Anschließend führte er mit allen ihm zur Verfügung stehenden Mitteln Krieg gegen die eigenen Landsleute, wobei ihm die USA und Hardliner wie Rasmussen den Rücken stärkten und eine militärische Drohkulisse aufbauten.

Auch einen Ersatzpräsidenten für Russland scheint man schon bereitzuhalten: Jahrelang wurde der ehemals aufstrebende junge Unternehmer ohne politische Ambitionen, Michail Chodorkowski, als Opfer Putins propagiert, angeblich willkürlich wegen Betrugs und Steuerhinterziehung zu zehn Jahren Haft verurteilt. Nun

---

[72] Jack Matlock, Ex-US-Botschafter über Ukraine-Krise: ›Das ist ein Familienstreit‹; zit. n.: http://taz.de/Ex-US-Botschafter-ueber-Ukraine-Krise/!145581/ (22.09.14).

taucht der nach wie vor milliardenschwere Oligarch, nachdem ihn Putin 2013 amnestiert hatte, plötzlich als Provokateur in der Ukraine-Krise[73] und als potentieller neuer russischer Präsident[74] wieder auf.

»Die Ukraine scheint die Blaupause für weiteres Vorgehen in Europa und darüber hinaus zu werden«, schreibt Willy Wimmer, und er fährt fort: »Das Vorgehen des ukrainischen Machthabers Poroschenko gegenüber dem Osten seines eigenen Landes und vor allem der dort lebenden Bevölkerung hat nichts mehr von dem an sich, wie Schwierigkeiten im eigenen Land beigelegt oder angegangen werden können. Das ist Krieg gegen die eigene Bevölkerung und das mit einer angeblich aus dem Boden gestampften ›Nationalgarde‹, die aus den faschistischen Gruppen, vor allem aus der Westukraine, geschaffen worden ist … Europa sollte sich schämen, diesen Gestalten auch nur den Schimmer eines Verständnisses zukommen zu lassen.«[75]

Aber Wimmer hat keine Chance, in den westlichen Leitmedien Gehör zu finden, er wird nicht einmal erwähnt. Selbst der noch vor wenigen Monaten durch die Talkshows gezerrte »Elder Statesman« Helmut Schmidt, der vor der Gefahr eines dritten Weltkriegs gewarnt und

---

[73] »Chodorkowski tadelt den Westen«, in: Handelsblatt vom 21.9.14, zit. n.: http://www.handelsblatt.com/politik/international/ukraine-krise-chodorkowski-tadelt-den-westen-/10732444.html (23.09.14).

[74] »Chodorkowski will Putin herausfordern«, in: St. Galler Tagblatt vom 21.9.14, zit. n.: http://www.tagblatt.ch/aktuell/international/international-sda/Chodorkowski-will-Putin-herausfordern;art253652,3962087 (23.09.14).

[75] Willy Wimmer, Alarmstufe ›Rot‹ – ein weiterer Denkanstoß von Willy Wimmer; zit. n.: http://www.nachdenkseiten.de/?p=22379 (22.09.14).

der EU Größenwahn vorgeworfen hat[76], kommt in den Politiksendungen, Diskussionsrunden und Talkshows nicht mehr vor. Seine Meinung passt nicht.

Es gibt einige wenige Gegenstimmen auch in den Medien, »aber Washington hat konstant die besseren Karten gehabt«, schreibt van Wolferen, »in einem Propagandakrieg gegen einen – ganz im Gegensatz zu dem, was uns die Mainstream-Medien glauben machen wollen – im Grunde unwilligen Gegner. Wellen der Propaganda kommen aus Washington, die das Bild eines Putin stützen sollen, der, angetrieben und unterstützt von einem durch den Verlust des sowjetischen Imperiums erhöhten Nationalismus, versucht, die russische Föderation bis an die Grenzen jenes erloschenen Imperiums auszudehnen. Die abenteuerlicheren Expertisen, mit neokonservativem Fieber infiziert, lassen Russland, das nach Westen dringt, als Bedrohung erscheinen. So wird Europäern Glauben gemacht, Putin lehne Diplomatie ab, obwohl er fortdauernd darauf gedrängt hat. So hat die vorherrschende Propaganda den Effekt gehabt, dass nicht Washingtons, sondern Putins Aktionen als gefährlich und extrem angesehen werden.«[77]

Obwohl die russische Regierung den unter fragwürdigen Umständen gewählten neuen ukrainischen Staatspräsidenten Poroschenko anerkannt hat, wird weiter gewarnt, gedroht und gehetzt. Dass auf Seiten des von Kiew ausgesandten Militärs Hunderte US-amerikanischer Söldner

---

76 Helmut Schmidt, »Ich traue Putin nicht zu, dass er Krieg will«; zit. n.: http://www.bild.de/video/clip/helmut-schmidt/helmut-schmidt-ueber-die-europawahl-und-die-ukraine-35991794.bild.html (22.09.14).

77 Karel van Wolferen, The Ukraine, Corrupted Journalism, and the Atlanticist Faith; zit. n.: http://www.unz.com/article/the-ukraine-corrupted-journalism-and-the-atlanticist-faith/ (22.09.14).

der Academi-Truppe (ehemals »Blackwater«) im Einsatz sein sollen[78], wird als unerheblich erachtet. Von »heftigen Gefechten« gegen »moskautreue Separatisten« und erheblichen Zerstörungen in Donezk und Luhansk wird berichtet, von Flüchtlingsströmen und dass auf Seiten der Aufständischen nationalistische Kampfeinheiten im Einsatz seien. Auch reguläres russisches Militär kämpfe in der Ostukraine, so ist zu vernehmen, doch dafür fehlen – wie bei fast allen diesen Anschuldigungen – die Beweise.

Dem Fernsehpublikum werden zerschossene Häuser, Verletzte und weinende Frauen vorgeführt, ein Bus mit Flüchtlingen ist von einer Granate getroffen worden; und für alles sind in der westlichen Berichterstattung separatistische Terroristen verantwortlich; nach russischer Darstellung sind es die Kiewer Truppen, zu denen neofaschistische Freiwilligen-Kampfverbände gehören.

Die Feindpropaganda in West und Ost schaukelt sich gegenseitig hoch, denn die russischen Medien zahlen mit gleicher Münze zurück. Der Nationalismus blüht, und auch die unsinnigen Wirtschaftssanktionen, die vor allem zu Lasten Deutschlands und der EU gehen, bleiben nicht unbeantwortet. Ein Spiel mit dem Feuer! Doch das scheint in die Köpfe derjenigen, die noch keinen Krieg im eigenen Lande erlebt haben, keinen Eingang zu finden. Vollmundig verbreiten sie weiter ihre Halbwahrheiten und Lügen.

Über die heftigen Auseinandersetzungen im ukrainischen Parlament wegen des Krieges gegen die eigenen Landsleute ist aus den westlichen Medien lediglich zu

---

78 Reuters, Einsatz gegen Separatisten: Ukrainische Armee bekommt offenbar Unterstützung von US-Söldnern; zit. n.: http://www.spiegel.de/politik/ausland/ukraine-krise-400-us-soeldner-von-academi-kaempfen-gegen-separatisten-a-968745.html (23.09.14).

erfahren, dass es vorgezogene Neuwahlen geben soll, womit Poroschenko, der das als »einen Teil seines Friedensplans« verkündet, ganz offensichtlich politische Gegner zu schwächen beabsichtigt. Der Oligarch Petro Poroschenko, der den Oligarchen Victor Janukowitsch abgelöst hat, steht nach wie vor zu dem Oligarchen Arsenij Jazenjuk mitsamt den rechtsextremistischen Kräften in dessen Regierungstruppe.

Taktik und Propaganda

Zuerst wird ein Land aufgemischt, bis es zum Bürgerkrieg kommt, und hinterher spielen USA, EU und NATO den Friedensengel. Ein großer Teil der Bevölkerung hat das erkannt. Aber im Gegensatz dazu scheint der deutsche Außenminister Steinmeier nichts begriffen zu haben, wenn er einen Wutanfall bekommt, weil er bei einem Auftritt in Berlin von Demonstranten als Kriegstreiber beschimpft wird.[79] Oder er will nichts begreifen, ebenso wenig wie die in die Netzwerke der USA verstrickten Journalisten. Die finanziell und personell bestens ausgestattete PR-Abteilung der Central Intelligence Agency (CIA) leistet ganze Arbeit. Russland wird mit Militärbasen eingekreist, das Land wird militärisch bedroht, seine Wirtschaft wird boykottiert, aber die Lügenpropaganda erklärt das Land zum Aggressor.

Wimmer analysiert die Strategie der US-Regierung wie folgt: »Washington schmeißt Russland aus Europa hinaus und bekommt Westeuropa unter Komplett-Kontrolle. Da mag es traditionell noch so gute Wirtschaftsbeziehungen zwischen Russland und Deutschland geben. Washington dreht diesen Hahn in Zukunft ab oder Moskau kriecht zu Kreuze und liefert nicht nur das russische Erdgas und Erdöl amerikanischer Kontrolle aus, wie es zu Zeiten von *Yukos* fast gelungen wäre.«[80]

Eine düstere Prognose, die jedoch auf langjährigen Einblicken in die Weltpolitik beruht. Wie dreist und un-

---

79 »Steinmeiers YouTube-Hit. An alle, die da krakeelen und schreien«; zit. n.: http://www1.wdr.de/fernsehen/aks/themen/steinmeierukraine104.html (24.09.14).

80 Willy Wimmer, a.a.O.

verhohlen vorgegangen wird, war einer Meldung in alternativen Medien zu entnehmen, die dann auch von den größeren Medien aufgenommen wurde, wonach der Sohn des US-Vizepräsidenten Joe Biden, Hunter Biden, sowie ein Vertrauter des Außenministers Kerry, Devon Archer, in den Verwaltungsrat des privaten ukrainischen Öl- und Gasunternehmens Burisma berufen worden sind.[81] Dem Gremium gehören auch Alan Apter, ein früher bei Merrill Lynch und JP Morgan tätiger Investmentbanker, sowie der polnische Ex-Staatspräsident Aleksander Kwasniewski an.[82/83] Wie schon im Irak, profitieren in der Ukraine die US-amerikanische Politikerkaste und die Wirtschaftseliten von der – in diesem Fall verdeckten – Übernahme eines anderen Staates, wobei hin und wieder auch ein Brocken für die Verbündeten abfällt.

Die Mehrheit der deutschen Politiker und Journalisten verschließt die Augen vor dieser verbrecherischen Politik oder sie befürwortet sie sogar. In diesem Sinne verlangt der *Spiegel* – im Einvernehmen mit dem deutschen Bundespräsidenten Joachim Gauck – »mehr Verantwortung in der Welt«.[84] Da heißt es: »Menschlichkeit ist ein Fak-

---

81 »Sohn von US-Vizepräsident Biden heuert bei ukrainischem Gaskonzern an«; zit. n.: http://www.zeit.de/wirtschaft/2014-05/joe-biden-ukraine-gas-sohn-hunter-devon-archer-john-kerry (23.09.14).

82 Axel Retz, Das kann gut gehen; zit. n.: http://www.boerse-online.de/nachrichten/meinungen/Das-kann-gut-gehen-1000254382 (23.09.14).

83 Jens Mattern, Polen: Wie ›sauber‹ ist die ukrainische Burisma-Holding?; zit. n.: http://www.heise.de/tp/news/Polen-Wie-sauber-ist-die-ukrainische-Burisma-Holding-2190614.html (23.09.14).

84 »Kriterien für die deutsche Außenpolitik. Mehr Verantwortung in der Welt - Die Regierung tut das Richtige im Irak«; zit. n. Der Spiegel 27/2014, S. 12.

tor der Außenpolitik, sollte jedoch nicht entscheidend sein.«[85] Zu fragen ist, was denn für die deutsche Außenpolitik entscheidend ist, wenn nicht Menschlichkeit.

Wir rufen uns ins Gedächtnis, dass die Regierungsmitglieder bei ihrem Amtsantritt folgenden Eid ablegen: »Ich schwöre, dass ich meine Kraft dem Wohle des deutschen Volkes widmen, seinen Nutzen mehren, Schaden von ihm wenden, das Grundgesetz und die Gesetze des Bundes wahren und verteidigen, meine Pflichten gewissenhaft erfüllen und Gerechtigkeit gegen jedermann üben werde.« Offensichtlich ist das zu einer Leerformel geworden. Mit welchen Konsequenzen, das ist eindrücklich in der Ukraine-Krise zu verfolgen. Wer diese Politik kritisiert, wird als Putinversteher, Russenfreund und Antiamerikanist diffamiert. Informationen über die Ursachen und Hintergründe der Krise werden von den maßgebenden europäischen Politikern und den meisten westlichen Journalisten böswillig, aus Eigennutz, Vasallentreue oder sonstigen nichtswürdigen Motiven zurückgehalten.

Van Wolferen zieht folgendes Resümee: »Im Lichte all dessen ist eine der schicksalhaftesten Fragen, die in Sachen Weltgeschehen zu stellen ist, die folgende: Was muss passieren, dass die Europäer aufwachen und erkennen, dass Washington mit dem Feuer spielt und aufgehört hat, der Beschützer zu sein, auf den sie sich bisher immer verlassen haben, und der stattdessen ihre Sicherheit gefährdet. Wird der Moment kommen, in dem klar wird, dass es bei der Ukraine-Krise als allererstes darum geht, Star-Wars-Raketen auf einem langen Abschnitt

---

[85] Der Spiegel, a.a.O.

der russischen Grenze in Stellung zu bringen, was Washington – in der wahnwitzigen Sprache der Nuklearstrategen – die Möglichkeit eines ›Erstschlags‹ eröffnet?«[86]

[86] Karel van Wolferen, The Ukraine, Corrupted Journalism, and the Atlanticist Faith; zit. n.: http://www.unz.com/article/the-ukraine-corrupted-journalism-and-the-atlanticist-faith/ (22.09.14).

Gibt es eine Perspektive für die EU?

Wie in der US-Regierung über Westeuropa gedacht wird, hat die EU-Beauftragte des Außenministers Kerry, Victoria Nuland, im Februar 2014 ausgesprochen: »Fuck the EU!« Willy Wimmer hat das folgendermaßen analysiert: »Wir Westeuropäer sollten uns nichts vormachen. Wir werden zum ›Europäer-Gebiet‹, wenn noch vor dem vom *Spiegel* in Aussicht gestellten Ende der Kanzlerschaft Merkel die Vereinigten Staaten uns das ›Transatlantische Freihandelsabkommen‹ aufoktroyiert haben werden. Es sind nicht die Chlor–Hähnchen, die unser Schicksal besiegeln werden. Das werden die Schiedsgerichte im Interesse der US-Anwaltsfabriken sein, die den Resten der parlamentarischen Demokratie in unseren Staaten den Garaus machen werden.«[87]

Wimmer erinnert daran, dass Willy Brandt Deutschland einmal mehr Demokratie in Aussicht stellte. Stattdessen, so konstatiert er, »werden wir seit Jahren von oben nach unten regiert«. Und er fährt fort: »… die eigenen deutschen Entscheidungsmöglichkeiten sind im Moloch Brüsseler Lobbyinteressen verschwunden. Das, was vom europäischen demokratischen System noch übrig geblieben ist, soll jetzt dem Überfall amerikanischer Schiedsgerichte zur Aushebelung unserer Regierungen und Parlamente standhalten? … Nach dem von den Streitkräften in Auslandseinsätzen gefürchteten ›friendly fire‹, bei dem man Opfer der eigenen Waffenwirkung wird, kommt jetzt offenbar das System

[87] Willy Wimmer, Alarmstufe ›Rot‹ – ein weiterer Denkanstoß von Willy Wimmer; zit. n.: http://www.nachdenkseiten.de/?p=22379 (23.09.14).

der ›friendly occupation‹ zur Vollendung der genannten Ziele.«[88]

In der Tat ist zu registrieren, dass die USA seit der Auflösung der Sowjetunion überall in der Welt eine aggressive Politik der Zerstörung staatlicher Strukturen und der wirtschaftlichen Okkupation betreiben. Auch deutet vieles darauf hin, dass ihnen nicht an einem wirtschaftlich starken, friedlichen Europa liegt. Wimmer weist zu Recht darauf hin, dass amerikanische Globalkonzerne »mit gefüllten Kriegskassen« dabei sind, das von der europäischen Industrie aufzukaufen, was bisher noch nicht im Bestand der USA ist. »Amerikanisches Gedankengut und Einfluss, wohin man auch den Blick schweifen lässt«, schreibt er. Berlin sei den Amerikanern in jeglicher Hinsicht zu Diensten.

Dass Wimmer recht hat, lässt sich gerade unter der Regierung Merkel beobachten. Jakob Augstein schreibt: »Das falsche Feindbild … Merkels Politik schadet den deutschen Interessen. Denn aus historischen und wirtschaftlichen Gründen kann sich Deutschland einen Konflikt mit Russland nicht leisten.«[89]

Schon die Zerschlagung des sozialistisch orientierten Jugoslawien, die im Übrigen ohne UN-Mandat vonstatten ging, war ein Fiasko und nicht im eigentlichen Interesse der EU. Seit Februar 2014 sind jetzt in Kiew Aufständische an der Macht, die mit Unterstützung westlicher Geheimdienste eine demokratisch gewählte ukrainische Regierung durch einen Putsch gestürzt haben. Regie-

---

[88] Willy Wimmer, a.a.O.

[89] Jakob Augstein, S.P.O.N. - Im Zweifel links. Das falsche Feindbild; zit. n.: http://www.spiegel.de/politik/ausland/augstein-kolumne-putin-und-der-westen-in-der-krim-krise-a-960354.html (23.09.14).

rungsmitglieder, hochrangige Militärs und Polizeibeamte gehören der rechtsextremen Swoboda-Partei an, deren Vorsitzender Oleg Tjagnibok 2004 dazu aufrief »Russensäue, Judenschweine und sonstiges Gesindel« zu bekämpfen[90]; er ist weiterhin Fraktionsvorsitzender seiner Partei im ukrainischen Parlament.

Barack Obama hat zwar verlauten lassen, die US-Regierung werde sich künftig weniger um die Weltpolitik als vielmehr um die eigenen Belange kümmern, aber zu befürchten ist, dass diese Belange und Interessen weit über die USA hinausreichen – das beweist sich ständig aufs Neue. Nach dem, was wir den Kommuniqués entnehmen, werden Länder, die sich nicht den Forderungen der USA beugen, insbesondere wenn sie über bestimmte Ressourcen verfügen, weiterhin erpresst, bedroht und gegebenenfalls militärisch bekämpft werden. Kiew – so war schon in Washingtoner Politikerkreisen zu vernehmen – sei sozusagen die Generalprobe für Moskau, also für einen »Regime Change« in Russland.[91]

Demnach wäre das Ziel der Destabilisierungspolitik in der Ukraine – und so sehen es auch erfahrene Publizisten und Politiker wie van Wolferen, Wimmer oder Albrecht Müller – die Unterwerfung Russlands unter die Vorherrschaft der USA und die Öffnung des Landes für die Interessen der westlichen Begehrlichkeit. Welch eine bodenlose, unverantwortliche Hybris!

---

90 Andreas Förster, Rechte Parteien Ukraine. NPD und Swoboda gegen Europa; zit. n.: http://www.berliner-zeitung.de/politik/rechte-parteien-ukraine-npd-und-swoboda-gegen-europa,10808018,26505664.html (23.09.14).

91 Anneliese Fikentscher, Andreas Neumann, Kiew: Generalprobe für Moskau; zit. n.: http://www.nrhz.de/flyer/beitrag.php?id=20079 (23.09.14).

Die Anregung des Bundeswirtschaftsministers Sigmar Gabriel, den ostukrainischen Separatisten das Angebot einer Föderalisierung des Landes zu unterbreiten, fand zunächst weder in Kiew noch in den USA Gehör.[92] Es hat allerdings den Anschein, als zeichne sich bei Frau Merkel und einigen Mitgliedern der deutschen Regierung seit Kurzem ein Gesinnungswandel ab. Das ließ bereits Mitte August hoffen, dass Deutschland und seine europäischen Nachbarn aus der völlig verfahrenen, unsinnigen und gefährlichen Konfrontation mit Russland herausfinden und möglicherweise Vorstellungen einer eigenständigen Politik entwickeln würden.

Norman Birnbaum ist der Ansicht, Barack Obama suche »sicher nicht nach einer militärischen Konfrontation mit der Atommacht Russland – aber er hat fast nichts unternommen, um die manische Aggressivität seiner Regierung in der Ukrainekrise zu drosseln … Die amerikanischen Medien, unverhältnismäßig bevölkert von provinziellen Strebern, verhalten sich erwartungsgemäß, wenn sie die Ansichten der deutschen Regierung, des Parlaments und des Volks ignorieren. Das sollte für die Regierung (und einen weiteren Kreis deutscher Stimmen) ein Anreiz sein, größere Anstrengungen zu unternehmen, um in den USA gehört zu werden.«[93]

---

[92] Deutsche Presse-Agentur dpa, Gabriel plädiert für Föderalisierung der Ukraine; zit. n.: http://www.welt.de/politik/deutschland/article131513129/Gabriel-plaediert-fuer-Foederalisierung-der-Ukraine.html (23.09.14).

[93] Norman Birnbaum, Gefangener des Imperiums; zit. n.: http://www.nachdenkseiten.de/?p=23310 (24.09.14).

Erneute Drohungen und Kriegstreiberei

Nachdem schon lange über russische Militärpräsenz in der Ukraine gemutmaßt und ohne Beweise dagegen protestiert wurde, ist Ende August 2014 plötzlich von 4.000 russischen Soldaten die Rede, die angeblich an der Seite der Aufständischen an einer Offensive gegen die westukrainischen Truppen beteiligt sind.[94] Präsident Putin dementiert und fordert von der Kiewer Regierung eine sofortige Waffenruhe. Poroschenko warnt Putin, mit dem er sich kurz zuvor noch in Minsk zu Verhandlungen getroffen hatte. Er spricht zum wiederholten Mal von einer russischen Invasion und fordert von der NATO militärische Unterstützung, die ihm der offensichtlich kriegslüsterne Generalsekretär Rasmussen gern gewähren würde. Aber der Einsatz von Soldaten steht unter Parlamentsvorbehalt, jedenfalls in Deutschland, und die NATO-Staaten sind nicht bereit, sich auf einen Krieg mit Russland einzulassen. Noch nicht?

Dann wieder sollen es 3.000, wenig später 1.000 russische Soldaten sein, die gegen die Kiewer Regierung Krieg führen. Wie immer in letzter Zeit werden fragwürdige Satellitenfotos gezeigt, die nach wie vor nicht beweisen, dass Russland Krieg führt. Sonst gäbe es mit Sicherheit größere Truppenbewegungen, die auf Satellitenbildern deutlich erkennbar wären, und nicht nur Vermutungen. Der Separatistenführer Alexander Sachartschenko sagt in einem Interview, es sei richtig, dass russische Freiwillige an der

---

[94] Ulf Mauder, Wolfgang Jung, Ein bisschen Frieden; zit. n.: http://www.sz-online.de/nachrichten/ein-bisschen-frieden-2922216.html (23.09.14).

Seite der ostukrainischen Truppen kämpfen, jedoch ohne Befehl aus Moskau. Die OSZE bestätigt, es handele sich nicht um reguläre russische Soldaten auf ukrainischem Territorium.

Am 29. August 2014 geben die Vereinten Nationen (UN) bekannt, seit Mitte April 2014, dem Beginn der Kämpfe in der Ostukraine, seien bereits etwa 2.800 Menschen zu Tode gekommen. In der Morgenzeitung lesen wir: »Schock im Westen: Putin schickt Soldaten in die Ukraine. NATO schlägt Alarm, Merkel droht mit schärferen Sanktionen gegen Russland.«[95] EU-Kommissionspräsident Barroso droht ebenfalls: Russland werde für eine weitere Destabilisierung der Ukraine einen »hohen Preis« zahlen müssen. Und Rasmussen, der sich ständig einmischt und aufgrund von Gesprächen mit Jazenjuk erneut einen Beitritt der Ukraine zur NATO in Aussicht stellt, erklärt: »Jedes Land hat das Recht, selbständig und ohne Einflussnahme von außen zu entscheiden ...«[96] – der Gipfel an Dreistigkeit und Verlogenheit.

Auch in den Nachrichten in Rundfunk und Fernsehen herrscht wieder scheinheilige Empörung. Die Kampagne geht weiter, die Situation spitzt sich immer mehr zu. *Zeit Online* berichtet: »Inmitten eines Streits um die Präsenz russischer Soldaten in der Ukraine hat Kremlchef Wladimir Putin die Offensive der Separatisten im Nachbar-

---

95 »Schock im Westen: Putin schickt Soldaten in die Ukraine. Nato schlägt Alarm, Merkel droht mit schärferen Sanktionen gegen Russland«; zit. n.: Göttinger Tageblatt vom 29.08.2014, S. 1.

96 »Russische Truppen in der Ukraine? NATO ›verdammt‹ Russlands Aktion«; in: 17-Uhr-Ausgabe der Tagesschau vom 29.08.14; zit. n.: http://www.tagesschau.de/ausland/nato-ukraine-110.html (23.09.14).

land als ›Erfolg‹ bezeichnet.«[97] Er habe verlauten lassen, die Aufständischen würden damit die Militäroperation der ukrainischen Regierung abwehren, die viele friedliche Bürger das Leben gekostet hat.

Putin erinnert das Vorgehen der ukrainischen Regierungstruppen an die Taktik »der faschistischen deutschen Truppen in der Sowjetunion im Zweiten Weltkrieg«: »Großstädte wurden eingekesselt und durch gezielten Beschuss zerstört, samt Einwohnern.«[98] Er fordert Verhandlungen zwischen der Kiewer Regierung und den ostukrainischen Separatisten. Deren Verhalten könne er verstehen: »Der Sinn ihrer militärisch-humanitären Operation besteht darin, die ukrainische Artillerie und die Mehrfachraketenwerfer von den Großstädten zu verdrängen, damit sie nicht mehr friedliche Zivilisten töten können.«[99] Das Vorgehen Russlands im Fall der Krim verteidigt er mit den Worten: »Wir haben die Krim nicht annektiert, sondern geschützt. Sonst würde es dort jetzt so aussehen wie in der Ostukraine.«[100] Abgesehen davon, dass die Krim mit dem russischen Flottenstützpunkt von außerordentlicher militärstrategischer Bedeutung für Russland ist, mag Putin recht haben.

---

[97] Deutsche Presse-Agentur dpa, Putin lobt ›Erfolge‹ der Rebellen in der Ostukraine; zit. n.: http://www.zeit.de/news/2014-08/29/konflikte-putin-wendet-sich-direkt-an-separatisten-in-der-ostukraine-29073402 (23.09.14).

[98] Reuters, Kämpfe in der Ostukraine: Putin vergleicht ukrainische Armee mit Wehrmacht; zit. n.: http://www.spiegel.de/politik/ausland/ukraine-putin-vergleicht-ukrainische-armee-mit-wehrmacht-a-988827.html (23.09.14).

[99] Reuters, a.a.O.

[100] Reuters, a.a.O.

Provokationen

Von der prowestlichen Regierung in Kiew fordert Putin erneut eine sofortige Waffenruhe. Daran hat die Regierung Poroschenko/Jazenjuk derzeit jedoch kein Interesse, weil ein Zurückweichen ihre Position im eigenen Land hätte schwächen können. Barack Obama erklärt: »Russland hat absichtlich und wiederholt die Souveränität und territoriale Integrität der Ukraine verletzt.« Das anhaltende russische Eindringen in die Ukraine werde »nur mehr Kosten und Konsequenzen für Russland haben«. Dies sei mit Bundeskanzlerin Merkel besprochen worden, und man sei sich einig gewesen, dass »die Gewalt von Russland angeheizt wird«, die Separatisten würden von Russland trainiert, bewaffnet und finanziert. Bemerkenswert ist die Aussage, die USA würden jedoch nicht militärisch eingreifen, weil die Ukraine kein NATO-Mitglied ist.«[101]

Es ist sicherlich nicht von der Hand zu weisen, dass Russland indirekt in den Bürgerkrieg in der Ostukraine eingreift. Nach dem, was über das Vorgehen der westukrainischen Streitkräfte und die Machenschaften der USA bekannt wurde, ist das allerdings verständlich, der Vorwurf der Einmischung heuchlerisch. Die Politiker in den USA und Europa sollten sich daran erinnern, was unter der Regierung Kennedy geschah, als die Sowjets 1962 Mittelstreckenraketen auf Kuba stationieren wollten. Damals stand die Welt kurz vor einer Katastrophe, die nur abgewendet wurde, weil Chruschtschow den sowjetischen Flottenverband zurückbeorderte. Jetzt darf Russland zu-

---

[101] Reuters, Ukraine-Konflikt: Obama lehnt militärisches Eingreifen der USA strikt ab; zit. n.: http://www.spiegel.de/politik/ausland/usa-praesident-obama-gegen-beteiligung-von-us-militaer-in-ukraine-krise-a-988705.html (23.09.14).

schauen, wie es mit grenznahen Militärstützpunkten und Raketenstellungen eingekreist wird.

Im österreichischen *Wirtschaftsblatt* lesen wir, die litauische Präsidentin Dalia Grybauskaite habe erklärt: »Russland ist praktisch im Krieg gegen Europa.«[102] Sie fordert militärische Unterstützung des Westens für die Kiewer Regierung, der dabei geholfen werden müsse, ihr Territorium und ihre Bevölkerung zu schützen. *Zeit Online* berichtet über eine »Eingreiftruppe für Osteuropa«[103]: »10.000 Soldaten soll eine multilaterale Truppe aufbieten, die unter britischer Führung in Osteuropa eingesetzt werden könnte. Beteiligt sind mehrere NATO-Staaten.«[104] Die *Bild*-Zeitung (»Putin greift nach Europa!«) fordert eine militärische Antwort, das heißt Krieg der »westlichen Allianz« mit Russland: »Es steht für Eroberung. Es steht für Landgewinn. Es steht für Krieg.«[105]

Derweil warnt Polens Präsident Bronislaw Komorowski vor einem neuen »russischen Imperium«. Und das *Handelsblatt* titelt: »Krieg zwischen Russland und Westen reale Möglichkeit.«[106] Ein

---

[102] APA Austria Presse Agentur, Grybauskaite: Moskau ›praktisch im Krieg gegen Europa‹; zit. n.: http://wirtschaftsblatt.at/home/nachrichten/europa_cee/3862428/Grybauskaite_Moskau-praktisch-im-Krieg-gegen-Europa (23.09.14).

[103] Deutsche Presse-Agentur dpa, Briten planen neue Eingreiftruppe für Osteuropa; zit. n.: http://www.zeit.de/politik/ausland/2014-08/eingreiftruppe-osteuropa-nato (23.09.14).

[104] Deutsche Presse-Agentur dpa, a.a.O.

[105] »Kremlchef will neuen Staat Novorossia. Putin greift nach Europa»; zit. n.: http://www.bild.de/politik/ausland/wladimir-putin/putin-will-neuen-staat-novorossia-37481214.bild.html (23.09.14).

[106] Dietmar Neuerer, Krieg zwischen Russland und Westen reale Möglichkeit; zit. n.: http://www.handelsblatt.com/politik/international/ukraine-krise-krieg-zwischen-russland-und-westen-reale-moeglichkeit/10622588.html (23.09.14).

Experte für Sicherheitspolitik ist der Meinung, der Westen müsse, nachdem russische Truppen in der Ostukraine gesichtet wurden, »mit der notwendigen Entschlossenheit«[107] und mit einer Eingreiftruppe der NATO »auf die Eskalation in der Ukraine«[108] reagieren. Wer seinen gesunden Menschenverstand noch nicht verloren hat, fragt sich, ob die Befürworter eines Krieges gegen Russland – und sei es eines Wirtschaftskrieges – noch recht bei Sinnen sind.

Nicht nur nach Auffassung von Karel van Wolferen ist die NATO seit einiger Zeit eine Bürde für Europa, »da sie die Entwicklung einer abgestimmten europäischen Außen- und Verteidigungspolitik verhindert und die Mitgliedsstaaten gezwungen hat, dienende Instrumente des amerikanischen Militarismus zu werden«.[109] Sie sei auch eine moralische Last, meint van Wolferen, »denn die in der ›Koalition der Willigen‹ beteiligten Regierungen haben ihren Bürgern die Lüge verkaufen müssen, dass die in Irak und Afghanistan sterbenden europäischen Soldaten ein notwendiges Opfer seien, um Europa sicher gegen Terroristen zu machen.«[110]

Die gegenwärtige Situation schätzt er wie folgt ein: »Vor nicht allzu langer Zeit sah es so aus, als ob die vollständigen militärischen Katastrophen im Irak und in Afghanistan die NATO an einen Punkt brächten, an dem ihre unvermeidliche Auflösung nicht mehr weit entfernt schien. Aber die Ukraine-Krise und Putins Entschiedenheit, zu

---

[107] Dietmar Neuerer, a.a.O.

[108] Dietmar Neuerer, a.a.O.

[109] Karel van Wolferen, The Ukraine, Corrupted Journalism, and the Atlanticist Faith; zit. n.: http://www.unz.com/article/the-ukraine-corrupted-journalism-and-the-atlanticist-faith/ (22.09.14).

[110] Karel van Wolferen, a.a.O.

verhindern, dass die Krim mit ihrer russischen Marinebasis möglicherweise in die Hände der Amerika-gehörenden Allianz fiel, war ein Geschenk des Himmels für diese taumelnde Institution.«[111]

Für Jack Matlock »war klar, dass wir Russland für ein freies und vereintes Europa einbeziehen müssen. Wir wussten auch, wenn man ein Instrument des Kalten Krieges – die NATO – in dem Moment vor bewegt, wo die Barrieren fallen, schafft man neue Barrieren in Europa. Und genau das ist jetzt geschehen. Wenn wir Frieden wollen, dann sollten Russland, die Ukraine und die Länder Ost- und Westeuropas in einer einzigen Sicherheitsgemeinschaft sein.«[112]

---

[111] Karel van Wolferen, a.a.O.

[112] Jack Matlock, Ex-US-Botschafter über Ukraine-Krise. ›Das ist ein Familienstreit‹; zit. n.: http://taz.de/Ex-US-Botschafter-ueber-Ukraine-Krise/!145581/ (22.09.14).

Anzeichen von Ernüchterung

Am 27. August 2014 heißt es in der *Süddeutschen Zeitung* unter dem Titel »Aussichtsloser Kampf um den verlorenen Osten«: »Trotz Putins Lippenbekenntnis zu einem Friedensplan müssen sich die Ukraine und die Welt damit abfinden, dass der Donbass nicht unter die Kontrolle von Kiew zurückkehren wird.«[113]

9. Am 20. Juni 2014 reiste Präsident Petro Poroschenko in den Donbass und stellte dort einen Friedensplan vor.
(Foto: Webseite des ukrainischen Präsidenten Poroschenko)

Diese Einschätzung kommt der Realität wohl am nächsten. Denn viele der westlichen Politiker und Diplomaten erklären, sie seien ratlos. Dann aber heißt es zumeist: Klar

[113] Cathrin Kahlweit, Aussichtsloser Kampf um den verlorenen Osten; zit. n.: http://www.sueddeutsche.de/politik/krise-in-der-ukraine-aussichtsloser-kampf-um-den-verlorene-osten-1.2105459 (23.09.14).

sei, dass sich Putin nicht mit einer demokratischen, prowestlichen und prosperierenden Ukraine anfreunden könne. Unklar sei jedoch das Endziel Putins.[114]

Dass Moskau von vornherein nur auf das aggressive Vorgehen des Westens und der Marionettenregierung in Kiew reagiert haben könnte, wird gar nicht erst erwogen. Ebenso wenig wird berücksichtigt, dass Poroschenko und Jazenjuk – statt zu verhandeln – durch ihren massiven, völkerrechtswidrigen Militäreinsatz in der Ostukraine viele Städte zerstört haben, so dass ein sehr weiter Weg zurückzulegen sein wird, bis es zu einer »prosperierenden Ukraine« kommen kann.

Es gibt zwar eine Langzeitstrategie der USA zur Erweiterung des eigenen Machtbereichs, aber keine überlegte Ostpolitik; noch weniger gibt es sie in Europa. Man setzt – in Überschätzung der eigenen Stärke – etwas in Gang, ohne die Folgen abzuschätzen; leidtragend ist die Bevölkerung. Hinterher versucht man dann mit einer ungeheuren Propaganda und militärischen Mitteln, seine Interessen zu wahren.

Van Wolferen schreibt: »Älteren Europäern dämmert es, dass die Vereinigten Staaten Feinde haben, die nicht die Feinde Europas sind, weil sie sie aus innenpolitischen Gründen brauchen; um eine wirtschaftlich enorm wichtige Kriegsindustrie am Laufen zu halten und im Schnellverfahren die politische Eignung von Kandidaten für öffentliche Ämter zu testen.«[115] Und er fährt fort: »Je weiter vom Zweiten Weltkrieg entfernt, umso weniger erinner-

---

114 APA Austria Presse Agentur, Rätselraten; zit. n.: http://www.wienerzeitung.at/nachrichten/europa/europastaaten/656300_Raetselraten.html (23.09.14).

115 Karel van Wolferen, a.a.O.

ten sich europäische Regierungen daran, was es heißt, eine unabhängige Außenpolitik in Bezug auf Themen globaler Größenordnung zu haben. Die aktuellen Regierungschefs der Europäischen Union haben keine Erfahrungen mit praktischen strategischen Erwägungen.«[116] Ein besonders abscheulicher Zug sei der Ausschluss Putins von den Treffen und anderen Veranstaltungen zur Erinnerung an die Landung in der Normandie (die letztlich von der Sowjetunion ermöglicht wurde) gewesen, erstmals seit 17 Jahren. »Die G8 wurden daraufhin zur G7.«

Immerhin hat Barack Obama erklärt, die USA würden im Ukraine-Konflikt nicht militärisch gegen Russland eingreifen. Es hat den Anschein, als habe das eine gewisse Balance zwischen Westeuropa und Russland wieder hergestellt, jedenfalls vorerst. Das dürfte dringend erforderliche diplomatische Bemühungen ermöglichen. Mehrere hochrangige westliche Politiker sprechen sich neuerdings ebenfalls gegen eine militärische Intervention des Westens aus, so unter anderem der lettische Staatspräsident Andris Berzins, der überzeugt ist, dass nur eine diplomatische Lösung in Frage kommt.

Eine hoffnungsvolle Einschätzung, aber nicht ganz ohne Skepsis, gibt Egon Bahr in einem Interview im *Tagesspiegel* vom 8. August 2014: »Die Lage ist so unübersichtlich und ändert sich von Tag zu Tag, so dass niemand ausschließen kann, dass daraus eine schwer beherrschbare Krise wird. Trotzdem bleibe ich bei meiner Grundauffassung, dass es keinen Krieg geben wird ..., weil die beiden Hauptkontrahenten, also Amerika und Russland, genau wissen, wie nötig ihre Zusammenarbeit in einer ganzen Reihe von

---

116 Karel van Wolferen, a.a.O.

Weltproblemen ist: Syrien, Naher Osten, Israel, Palästina, Abzug aus Afghanistan, der Weltraum.«[117]

Auf die Frage: »Ist die deutsche Außenpolitik nicht zu zahm im Umgang mit Russland?«, antwortet Bahr: »Sie ist davon bestimmt, den Faden zu Moskau nicht abreißen zu lassen. Das halte ich für richtig. Denn Deutschland hat es mit zwei nicht veränderbaren Grundfaktoren zu tun: Das unentbehrliche Amerika und das unverrückbare Russland.«[118]

---

[117] Egon Bahr, Georg Ismar, Ist Putin noch zu trauen?; zit. n.: http://www.tagesspiegel.de/politik/interview-mit-egon-bahr-ist-putin-noch-zu-trauen/10307746.html (23.09.14).

[118] Egon Bahr, a.a.O.

Caveat emptor – der Käufer trägt das Risiko

Dennoch finden weiterhin verbale Attacken statt. »Putin führt Krieg«, hetzt die *Bild*-Zeitung, »... und sie reden, reden, reden.«[119] Der australische Handelsminister Andrew Robb plädiert für einen Ausschluss des russischen Präsidenten vom G20-Gipfel (Gruppe der 20 wichtigsten Industrie- und Schwellenländer), der im November in Brisbane stattfinden soll.[120]

Die italienische Außenministerin und designierte EU-Außenbeauftragte Federica Mogherini kündigt vor dem außenpolitischen Ausschuss des Europaparlaments neue Sanktionen an und erklärt, Russland sei für die EU kein »strategischer Partner« mehr.[121] In den Medien heißt es, Russland heize den Konflikt an und riegele sich gegen Europa ab. Wie gewohnt, werden die Tatsachen ständig verdreht.

Die Hetze gegen den russischen Präsidenten nimmt in den Karikaturen und Berichten groteske und unmenschliche Züge an. So berichtet die *WELT* über »Tränen in der Mongolei«: »Putin rollen in der fernen Mongolei beim

---

[119] K. Moessbauer, H.-J. Vehlewald, Ist der Westen zu zögerlich? Putin führt Krieg; zit. n.: http://www.bild.de/politik/ausland/wladimir-putin/putin-fuehrt-krieg-37462048.bild.html (23.09.14).

[120] AFP Agence France-Presse, Australien prüft Ausschluss Putins von G-20-Gipfel im November; zit. n.: http://www.zeit.de/news/2014-09/02/australien-australien-prueft-ausschluss-putins-von-g-20-gipfel-im-november-02143003 (23.09.14).

[121] Deutsche Presse-Agentur dpa, Mogherini: Russland kein strategischer Partner der EU mehr; zit. n.: http://www.sueddeutsche.de/news/politik/eu-mogherini-russland-kein-strategischer-partner-der-eu-mehr-dpa.urn-newsml-dpa-com-20090101-140902-99-04170 (23.09.14).

Klang der russischen Nationalhymne Tränen über die Wangen. Er wischt sie weg, der kleine Narziss. Das Volk daheim soll Derartiges nicht sehen. Aber war es wirklich Selbstliebe und nicht eher der selbstmitleidige Gefühlsausbruch eines Überforderten? Die breiten Schultern mögen noch stählern wirken, das mit Botox behandelte Gesicht aber spricht die Sprache von Selbstzweifel und Alterungsangst. Als er nach seinem Wahlsieg vor zwei Jahren mitten in Moskau bei vaterländischen Klängen die Contenance verlor, soll es der kalte Wind gewesen sein. Nie ist man es selbst.«[122]

10. Am 70. Jahrestag der Landung der Alliierten in der Normandie trafen Angela Merkel, Wladimir Putin und Petro Poroschenko aufeinander. (Foto: Presse und Informationsamt des russischen Präsidenten)

Aber hin und wieder geschieht Erstaunliches. Acht ehemalige Mitarbeiter von US-Geheimdiensten haben – »alar-

[122] »Genauer betrachtet: Tränen in der Mongolei« in: *DIE WELT* vom 10.09.14; zit. n.: http://www.welt.de/print/die_welt/debatte/article132076328/Traenen-in-der-Mongolei.html (23.09.14).

miert durch die antirussische Stimmung, die das offizielle Washington in diesen Tagen prägt« – einen offenen Brief an Bundeskanzlerin Merkel geschrieben, in dem sie die Verlässlichkeit von Behauptungen der ukrainischen und der amerikanischen Regierung über eine russische Invasion in der Ostukraine anzweifeln. Sie warnen vor einem Krieg mit Russland und schreiben, die vorgelegten angeblichen Beweise erinnerten an die Täuschungen vor dem Angriff auf den Irak.[123]

Zu den Verfassern des Briefes gehört der ehemalige CIA-Offizier Raymond McGovern, der unter sieben Präsidenten nahezu drei Jahrzehnte u.a. für die tägliche Berichterstattung im Weißen Haus zuständig war. Bei seiner Pensionierung wurde er vom Präsidenten der Vereinigten Staaten mit der Intelligence Commendation Medal ausgezeichnet, die er jedoch 2006 aus Protest gegen die Beteiligung von CIA-Mitarbeitern an Folterungen im Irak zurückgab. McGovern steht der offiziellen Version der Terroranschläge vom 11. September 2001 ablehnend gegenüber und verlangt eine neue, unabhängige Untersuchung. 2003 gründete er zusammen mit anderen ehemaligen CIA-Mitarbeitern die Organisation *Veteran Intelligence Professionals for Sanity* (VIPS), die geopolitische Konflikte analysiert.

In einem Interview mit der Redaktion *Hintergrund* sagte McGovern am 6. September 2014 über den derzeitigen ukrainischen Ministerpräsidenten Arsenij Jazenjuk: »Man würde annehmen, dass jemand wie ›Yats‹, der in einem

---

[123] »Krieg gegen Putin: Ehemalige US-Geheimdienstler warnen Merkel vor falschen ›Beweisen‹«; zit. n.: http://deutsche-wirtschafts-nachrichten.de/2014/09/02/krieg-gegen-russland-ehemalige-geheimdienstler-warnen-merkel-vor-falschen-beweisen/ (23.09.14).

abgehörten Telefongespräch zwischen dem US-Botschafter in Kiew und der stellvertretenden US-Außenministerin als ›unser Mann‹ bezeichnet wurde, nicht in der Lage wäre, anschließend Ministerpräsident zu werden – drei Wochen, nachdem öffentlich bekannt wurde, dass die US-Regierung ihn als ›ihren Mann‹ betrachtet. Und diese Leute, mit ihrer Arroganz, kommen damit durch – wie schon 2003 beim Irak. Das funktioniert deshalb, weil wir in den USA eine kontrollierte Presse haben, auch in Großbritannien verhält es sich so. Im Falle Deutschlands bin ich mir diesbezüglich nicht so sicher, aber auch hier in den Medien stelle ich eine große Unterstützung für eine Politik fest, die Putin verteufelt und die die Konfrontation sucht. Die Medien funktionieren nicht mehr im Sinne einer Vierten Gewalt. Und das ist die größte und auch gefährlichste Veränderung, die ich während meiner 51 Jahre in Washington erlebt habe: Wir haben keine freie Presse mehr.«[124]

In dem offenen Brief an die deutsche Bundeskanzlerin heißt es: »Wenn die Fotos, welche die NATO und die USA veröffentlicht haben, den besten verfügbaren ›Beweis‹ einer Invasion durch Russland darstellen, dann wächst unser Verdacht, dass große Anstrengungen unternommen werden, um die Argumente dafür zu stärken, dass der NATO-Gipfel Handlungen zustimmt, die Russland mit Sicherheit als eine Provokation betrachten wird. Caveat emptor ist ein Ausdruck, mit dem Sie sicherlich vertraut sind. Es genügt wohl zu ergänzen, dass man sehr

---

[124] Ray McGovern, ›Wir haben keine frei Presse mehr‹. Über Medienlügen, den Ukraine-Konflikt und den Abschuss von MH17; zit. n.: http://www.hintergrund.de/201409093233/globales/kriege/qwir-haben-keine-freie-presse-mehrq.html (23.09.14).

vorsichtig sein sollte im Hinblick darauf, was Rasmussen oder sogar US-Außenminister John Kerry durchsetzen wollen.«[125]

Dazu lesen wir in *German Foreign Policy*: »Trifft die Einschätzung der Ex-US-Geheimdienstler zu, dann ist die Eskalation des Konflikts mit Russland in wesentlichen Elementen zumindest von Teilen der NATO ebenso bewusst und mutwillig herbeigeführt worden wie der Überfall auf den Irak; die Bundesregierung trägt dies mit.« Rasmussen, so heißt es weiter, habe den Überfall auf den Irak in seiner damaligen Funktion als Premierminister Dänemarks unterstützt. »Rasmussen sagte damals: ›Irak hat Massenvernichtungswaffen. Das ist nicht etwas, das wir lediglich vermuten. Wir wissen es.‹ Tatsächlich handelte es sich um eine Lüge, die unter tatkräftigem Mitwirken des Bundesnachrichtendienstes (BND) zustande kam und die Totalzerstörung des Irak einleitete, deren Folgen heute offen zutage treten.«[126]

Diese Einschätzung entspricht den Fakten. Der russische Außenminister Sergej Lawrow sieht die Ukraine »auf dem Kriegspfad«.[127] Er ließ verlauten, das Bemühen Jazenjuks um eine NATO-Mitgliedschaft behindere eine Friedenslösung, Russland sehe sich zunehmend von dem

---

[125] »Krieg gegen Putin: Ehemalige US-Geheimdienstler warnen Merkel vor falschen ›Beweisen‹«; zit. n.: http://deutsche-wirtschafts-nachrichten.de/2014/09/02/krieg-gegen-russland-ehemalige-geheimdienstler-warnen-merkel-vor-falschen-beweisen/ (23.09.14).

[126] German Foreign Policy, Moskaus Drang nach Westen; zit. n.: http://www.german-foreign-policy.com/de/fulltext/58941 (23.09.14).

[127] Reuters, Lawrow warnt Kiew. Moskau sieht Ukraine auf dem Kriegs-Pfad; zit. n.: http://www.focus.de/politik/videos/lawrow-warnt-kiew-ukraines-nato-bestrebungen-wuerden-frieden-behindern_id_4103143.html (23.09.14).

westlichen Militärbündnis bedroht und werde entsprechende Gegenmaßnahmen planen. Vordringlich sei es, die Kiewer Regierung »zur Vernunft zu bringen«, und das liege im Verantwortungsbereich der USA.

Der angesehene Chicagoer Politikwissenschaftler John J. Mearsheimer schreibt in der US-Zeitschrift *Foreign Affairs*: »The United States and its European allies now face a choice on Ukraine. They can continue their current policy, which will exacerbate hostilities with Russia and devastate Ukraine in the process – a scenario in which everyone would come out a loser. Or they can switch gears and work to create a prosperous but neutral Ukraine, one that does not threaten Russia and allows the West to repair its relations with Moscow. With that approach, all sides would win.«[128]

---

[128] John J. Mearsheimer, Why the Ukraine Crisis Is the West's Fault. The Liberal Delusions That Provoked Putin; zit. n.: http://www.foreignaffairs.com/articles/141769/john-j-mearsheimer/why-the-ukraine-crisis-is-the-wests-fault (23.09.14).

Die Endlosschleife

Inzwischen melden die Vereinten Nationen mehr als eine Million Flüchtlinge aus der Ukraine, von denen die meisten nach Russland geflohen sind, und der Flüchtlingsstrom ist noch nicht beendet. Aufgrund der besorgniserregenden Situation hat Wladimir Putin angekündigt, erneut einen Konvoi mit Hilfsgütern in die vom Krieg heimgesuchte Ostukraine zu schicken, wo die Menschen ihre Existenzen verloren haben und kaum noch Nahrungsmittel und Wasser vorhanden sind.

Auch Deutschland will Hilfslieferungen schicken, allerdings in die Westukraine: Schutzwesten, Feldlazarette und medizinische Ausrüstung. Und Barack Obama verspricht bei einem Kurzbesuch in Estland die Entsendung von Soldaten und Flugzeugen, »um die Furcht der östlichen NATO-Partner vor Russland zu mildern« und »ein Zeichen der Solidarität zu setzen«.[129]

Es wird weiter an der Eskalationsschraube gedreht. Wieder wird es Auseinandersetzungen um die russischen Hilfslieferungen geben, wie auch um die Truppenverstärkungen an den Grenzen. Eine Endlosschleife. *Focus Online* meldet: »Trotz Warnungen des Westens hat Russland Kampfflugzeuge in Weißrussland stationiert«[130], und über der Krim sei offenbar eine US-Überwachungsdrohne abgefangen worden.

---

[129] AFP Agence France-Presse, USA schicken mehr Militär nach Estland; zit. n.: http://www.zeit.de/politik/2014-09/usa-estland-militaer-russland-nato (23.09.14).

[130] »Krim-Referendum findet statt - Kerry und Lawrow finden keine Einigung«; zit. n.: http://www.focus.de/politik/ausland/krim-krise-im-news-ticker-russen-fangen-us-drohne-ueber-der-krim-ab_id_3690559.html (23.09.14).

Ein von Russland eingeleiteter Fortschritt scheint sich allerdings abzuzeichnen. Während Jazenjuk den hirnrissigen Plan einer »Schutzmauer zu Russland« mit Stacheldraht und Minen an der Ostgrenze der Ukraine ins Gespräch brachte[131], legte Putin einen »Sieben-Punkte-Plan« zur Beilegung der militärischen Auseinandersetzungen unter internationaler Kontrolle vor.[132] Da es sich jedoch um einen innerstaatlichen Konflikt handele und Russland keine Konfliktpartei sei – so Putin –, müsse Kiew mit den Separatisten verhandeln, die er aufforderte, ihren Vormarsch zu beenden, sobald sich die westukrainischen Truppen zurückzögen.

So sah es Anfang September 2014 in Europa und der Welt aus. Ob sich die US-Regierung, die mit mehreren von ihr verursachten Krisen und Kriegen zu tun hat, wegen der Ukraine auf einen heißen Krieg mit Russland einlassen wird, ist nach den letzten Verlautbarungen aus Washington zu bezweifeln. Es scheint so, als würde es der US-Regierung vorerst genügen, Russland durch einen neuen »Eisernen Vorhang« von Westeuropa getrennt zu haben. Eine Tragik sondergleichen.

Die Menschen in Deutschland fragen sich, ob die »westliche Allianz« ihre Sanktionspolitik weiterführen wird, bis die europäische Wirtschaft noch mehr einbricht und bis Russland kein Gas mehr liefert, wenn nicht schon vorher

---

131 Deutsche Presse-Agentur dpa, Reuters, Besserer Grenzschutz: Ukrainischer Premier will Schutzmauer gegen Russland; zit. n.: http://www.spiegel.de/politik/ausland/mauer-in-der-ukraine-jazenjuk-will-schutzmauer-zu-russland-a-989650.html (23.09.14).

132 AFP Agence France-Presse, Deutsche Presse-Agentur dpa u.a., Jazenjuk lehnt Putins Sieben-Punkte-Plan ab; zit. n.: http://www.zeit.de/politik/ausland/2014-09/putin-und-poroschenko-vereinbaren-waffenruhe-fuer-ostukraine (23.09.14).

Poroschenko den Gashahn an der Pipeline zudreht. Europa wurde ein neuer Krieg beschert und ein bleibender Krisenherd, einerlei wie es in der Ukraine nach Beendigung der Kampfhandlungen letztlich weitergeht.

Vorläufige Waffenruhe

Der ukrainische Präsident Poroschenko, der allmählich merkt, dass er militärisch wie diplomatisch ins Hintertreffen geraten ist, hatte zunächst Einverständnis mit dem Sieben-Punkte-Plan Putins signalisiert, dann aber einen Rückzieher gemacht. Der Bürgerkrieg ging also erst mal weiter.

Ministerpräsident Jazenjuk besteht auf seinem Wahnsinnsvorhaben, eine 3.000 Kilometer lange »Schutzmauer« entlang der ukrainisch-russischen Grenze zu errichten. Putins Initiative sei Augenwischerei und der Versuch, neue Sanktionen gegen Russland zu vermeiden, ließ er am 4. September 2014 verlauten; das sei »ein Plan zur Vernichtung der Ukraine und zur Wiederherstellung der Sowjetunion«.

Zurückhaltender waren dann die Töne auf dem NATO-Gipfel am 4. September 2014 in Wales, wozu die – aufgrund der Interventionen der deutschen Wirtschaft – offenbar nachdenklich gewordene deutsche Bundeskanzlerin beitrug. Zwar hat Rasmussen dem ukrainischen Präsidenten Poroschenko Hilfe bei der Modernisierung der Streitkräfte, u.a. bei der Logistik, zugesagt und einige Länder wollen Militärgüter und Waffen liefern, aber mit einem militärischen Eingreifen des Militärbündnisses und einer Mitgliedschaft kann die Ukraine zurzeit nicht rechnen.

Dementsprechend zeigte sich Poroschenko am 5. September 2014 in Minsk verhandlungsbereit, und es kam zur Vereinbarung einer Waffenruhe zwischen Kiew und den Separatisten. Dessen ungeachtet beschloss die NATO den Aufbau einer neuen Krisen-Eingreiftruppe und einen Aktionsplan für Osteuropa, der neue NATO-Stützpunkte im östlichen Bündnisgebiet vorsieht. Des Weiteren plant das Bündnis zusammen mit ukrainischen Streitkräften ein Manöver in der Westukraine – die soundsovielte Provokation Russlands. Außenminister Lawrow ließ erklären, die NATO sei ein Ergebnis des Kalten Krieges gewesen und zu einem Wandel nicht fähig.

11. Präsident Putin und Präsident Poroschenko beim Gipfeltreffen der Eurasischen Wirtschaftsunion mit EU-Vertretern.
(Foto: Presse und Informationsamt des russischen Präsidenten)

Wieder wurden von allen Verbündeten höhere Verteidigungsausgaben mit dem Argument gefordert, Russland habe gegenüber dem Westen einen Rüstungsvorteil, weil die Mitgliedsländer ihre Wehretats in den letzten Jahren um 20 Prozent gekürzt hätten, so Generalsekretär Rasmussen – eine erneute Propagandalüge. Denn nach Angaben des Stockholmer SIPRI-Instituts wandte Russland im Vorjahr 88 Milliarden Dollar für die Rüstung auf, während Frankreich, Deutschland und Großbritannien zusammen 168 Milliarden und die USA 640 Milliarden ausgaben, also mehr als das Achtfache.[133]

Noch am 5. September 2014 war aus Militärkreisen in Kiew schon wieder zu hören, dass die mit den Separatisten vereinbarte Waffenruhe, der nach Ansicht Putins und auch Merkels ein Friedensplan folgen sollte, lediglich als eine zeitlich begrenzte Maßnahme aufgefasst werde, um sich neu aufzustellen. Seit dem 7. September 2014 war auch wieder von Feuergefechten zu hören. Nach Einschätzung der OSZE ist die Lage nach wie vor instabil.

Hinzu kommt, dass vom 8. bis 10. September 2014 im Schwarzen Meer ein Manöver der USA und der Westukraine stattfand, an dem sich auch Kanada, Rumänien, Spanien und die Türkei beteiligten. Moskau protestierte scharf gegen die neuerliche Provokation und verlegte einen Lenkwaffenkreuzer ins Mittelmeer.[134]

Trotz der vereinbarten Waffenruhe kündigte Präsident Poroschenko zu Anfang des Manövers in der Hafenstadt Mariupol in einer fanatischen Kampfrede an, er werde gegen die Separatisten, die den Ort belagert hatten, Panzer, Artillerie und Raketenwerfer schicken; ihm lägen Zusagen für Waffenlieferungen aus EU-Staaten vor. »Dies ist unser ukrainisches Land und wir werden es niemandem überlassen«, erklärte er. »Der Feind wird eine vernichtende Niederlage erleiden.«[135]

---

[133] Willy Wimmer, Stunde der Hardliner; zit. n.: https://www.freitag.de/autoren/der-freitag/stunde-der-hardliner (23.09.14).

[134] »NATO und Ukraine starten Manöver im Schwarzen Meer«; zit. n.: http://www.krone.at/Welt/NATO_und_Ukraine_starten_Manoever_im_Schwarzen_Meer-Politisch_heikel-Story-418541 (23.09.14).

[135] Christian Weisflog, Ukrainischer Präsident in Mariupol. Poroschenko besucht die Front; zit. n.: http://www.nzz.ch/international/proschenko-besucht-die-front-1.18379496 (23.09.14).

Solche wiederkehrenden martialischen und kriegshetzerischen Verlautbarungen werden von den meisten westlichen Medien unkritisch und unreflektiert übernommen. Dabei wird geflissentlich verschwiegen, dass auch die russischsprachige Bevölkerung Rechte hat und die als Rebellen, Terroristen oder Aufständische bezeichneten Separatisten mehrheitlich ostukrainische Bürger sind, die sich gegen eine verbrecherische Putschregierung in Kiew wehren, die terrorisiert, mordet und ihr Land zerstört. Weit über eine Million Menschen sind inzwischen auf der Flucht.

Wirtschaftskrieg gegen Russland

Es ist davon auszugehen, dass die Kiewer Regierung für ihr dreistes und gefährliches Vorgehen massive Rückendeckung aus Washington sowie von den nach wie vor in Kiew agierenden Diplomaten, Agenten und NGOs erhält, sonst würde sie sich hüten, so aggressiv und provokativ gegen Russland aufzutreten. Es sei unwahrscheinlich, schreibt der niederländische Publizist und Politikwissenschaftler Karel van Wolferen, dass »amerikanische Militärberater oder Spezialeinsatzkräfte unbeteiligt dabeigesessen haben, als Kiews Militär und Milizen ihre Bürgerkriegs-Strategie aufgemalt haben; die neuen Verbrecher hängen als Regime schließlich am finanziellen Tropf von Washington, der Europäischen Union und des IWF. Wir wissen, dass Washington das fortlaufende Töten im Bürgerkrieg, das es ausgelöst hat, weiter befeuert.«[136] Aber Poroschenko und Jazenjuk scheint nicht bewusst zu sein – oder es ist ihnen egal –, dass ihr Land im Falle eines russischen Eingreifens als erster Kriegsschauplatz in Schutt und Asche fiele.

In nächster Zeit erwartet Rumänien die Stationierung von NATO-Kampfflugzeugen, nach Polen werden weitere Soldaten entsandt und die EU-Botschafter haben sich auf neue Sanktionen gegen Russland geeinigt, wobei man sich auf die kritische Situation in der Ostukraine beruft, die man selber verursacht hat. Aus Moskau war zu hören, man werde mit Gegenmaßnahmen auf die neuerlichen Aggressionen antworten und gegen die am 12. September 2014 in Kraft gesetzten weiteren Wirtschaftssanktionen,

---

[136] Karel van Wolferen, The Ukraine, Corrupted Journalism, and the Atlanticist Faith; zit. n.: http://www.unz.com/article/the-ukraine-corrupted-journalism-and-the-atlanticist-faith/ (22.09.14).

die sich gegen Banken und Rohstofflieferanten richten, Beschwerde bei der Welthandelsorganisation WTO einlegen.[137]

Außerdem drohte der russische Wirtschaftsminister Alexej Uljukajew, die russische Regierung werde gegebenenfalls mit Importverboten für technische Geräte und Produkte aus der Petrochemie sowie Einfuhrbegrenzungen für Kleingeräte und einem Importverbot für Autos reagieren. Ferner käme eine Einschränkung von Überflugrechten für westliche Fluggesellschaften in Betracht. Man rechne jedoch damit, dass sich der gesunde Menschenverstand durchsetzen werde.[138]

Das allerdings hat nicht den Anschein. Bundeskanzlerin Merkel hatte sich nach Gesprächen mit Präsident Obama für neue Sanktionen stark gemacht und mit den üblichen Phrasen Härte gefordert: »Wir brauchen einen langen Atem. Aber ich bin zutiefst überzeugt: So hart die gegenwärtige Situation auch ist, am Ende wird sich die Stärke des Rechts durchsetzen. Das sollte uns ermutigen.«[139]

Andererseits will sie das Gespräch mit der russischen Führung nicht abreißen lassen – ein seltsam widersprüchliches, bigottes Verhalten in dieser unsinnigen, irrationa-

---

137 Deutsche Presse-Agentur dpa, Reuters, Von morgen an gelten neue Sanktionen gegen Russland; zit. n.: http://www.faz.net/aktuell/wirtschaft/wirtschaftspolitik/die-neuen-eu-sanktionen-gegen-russland-13147856.html (24.09.14).

138 Benjamin Bidder, Michael Kröger, Sanktionen gegen den Westen. Der Kreml schlägt zurück – und trifft sich selbst; zit. n.: http://www.spiegel.de/wirtschaft/sanktionen-gegen-russland-warum-moskau-auf-stur-schaltet-a-991287.html (24.09.14).

139 »Ohne schlüssige Begründung: EU beschließt neue Sanktionen gegen Russland«, zit. n.: http://deutsche-wirtschafts-nachrichten.de/2014/09/11/eu-russland-sanktionen-treten-freitag-in-kraft/ (24.09.14).

len Politik des vom Westen inszenierten Wirtschaftskrieges, der für alle Seiten ruinös zu werden droht. Inzwischen sind nach Meldungen aus Polen die russischen Gaslieferungen um 20 bis 24 Prozent zurückgegangen.[140]

12. Präsident Obama mit seinen Beratern am 20. März 2014 im Oval Office. Besprochen wurden neue Sanktionen gegen Russland.
(Foto: Pete Souza, Offizielles Weißes Haus Foto / CC BY 3.0 US)

Es ist zu vermuten, dass die tonangebenden westlichen Politiker damit gerechnet haben, der Kreml werde ihre schäbige Konfrontationspolitik widerspruchslos hinnehmen und sich den von den USA ausgehenden Forderungen beugen. Jetzt ist bei den Demagogen von einer »Mischung aus Trotz und Drohungen« der uneinsichtigen Moskauer

---

[140] Deutsche Presse-Agentur dpa, Reuters, Gaslieferungen aus Russland um 20 Prozent gesunken; zit. n.: http://www.nzz.ch/newsticker/polen-ukraine-gaslieferungen-aus-russland-um-20-prozent-gesunken-1.18381229 (24.09.14).

»Hardliner« die Rede, während europäische Wirtschaftsfachleute Einbußen in mehrstelliger Milliardenhöhe befürchten. Dass unwiederbringliche Schäden angerichtet worden sind, zumal sich Russland bereits nach China orientiert, scheint den für dieses Jahrhundertdesaster Verantwortlichen in der EU erst allmählich zu dämmern – den kriminellen Drahtziehern in den USA kann es nur recht sein.

Wie wird es weitergehen? Zu erwarten ist, dass die Menschen in Europa diese Art des Irrsinns noch eine Weile in Atem halten wird. Bis Barack Obama verkündete, die USA würden in der Ukraine nicht militärisch eingreifen, herrschte in Europa monatelang akute Kriegsgefahr. Bald werden sich die Wirtschaftssanktionen zum Nachteil der breiten Bevölkerung auswirken, und man muss kein Prophet sein, um schwerwiegende Folgen nicht nur für die Volkswirtschaft, sondern für sämtliche gesellschaftlichen Bereiche vorauszusagen. Der ehemalige Bundestagsabgeordnete und Herausgeber der NachDenkSeiten, Albrecht Müller, beklagte schon vor einigen Monaten: »In wessen Hände sind wir da geraten!«[141]

---

[141] Albrecht Müller, Das zentrale Element der Friedenspolitik wäre heute der Verzicht auf Eskalation und vor allem auf Destabilisierung; zit. n.: http://www.nachdenkseiten.de/?p=21459, (24.09.14).

Letzte Meldungen im September 2014

1. Am 12. September 2014 meldete der EU-Handelskommissar, die Europäische Union werde die Umsetzung eines geplanten Freihandelsabkommens mit der Ukraine nach Gesprächen mit dem ukrainischen Außenminister und dem russischen Wirtschaftsminister auf Ende 2015 verschieben. Ursprünglich sollte der Vertrag bereits am 1. November 2014 in Kraft treten, doch für diesen Fall hatte Russland angekündigt, Zölle auf Importe aus der Ukraine zu erheben, da sonst Waren aus der EU zollfrei über die Ukraine nach Russland eingeführt werden könnten.

Damit reagiert die EU auf die Einwände Russlands, was in Kiew trotz der Zusage, die Ukraine werde weiterhin einen privilegierten Zugang zum EU-Markt haben, mit Enttäuschung zur Kenntnis genommen wurde. Es scheint so – und das wäre ein wirklicher Fortschritt –, dass die Kiewer Regierung allmählich den sich anbahnenden diplomatischen Rückzug der USA und der EU aus einer möglichen militärischen Konfrontation mit Russland zur Kenntnis nimmt und sich in den Verhandlungen mit den ostukrainischen Separatisten auf eine föderative Lösung für die Ukraine einlassen könnte.[142]

2. Eine schaurige Peinlichkeit, die aber einen tiefen Einblick hinter die Kulissen ermöglicht, ereignete sich am 12. September 2014 in Potsdam, wo der Kiewer Bürgermeister und ehemalige Boxer Vitali Klitschko mit dem »M 100

---

[142] Deutsche Presse-Agentur dpa, Reuters u.a., EU schiebt Freihandel mit Ukraine auf; zit. n.: http://www.zeit.de/politik/ausland/2014-09/freihandelsabkommen-ukraine-eu-sanktionen-russland (24.09.14).

Media Award« ausgezeichnet wurde. Der Preis wird jährlich von einer angeblichen Elite des europäischen Journalismus für Verdienste um Demokratie, Meinungsfreiheit und Völkerverständigung vergeben. Zum Beirat und zur Jury gehören u.a.: Der Vorstandvorsitzende der Axel Springer AG Mathias Döpfner, der Gesamtherausgeber der *Bild*-Gruppe Kai Diekmann, der Chefredakteur des *ZDF* Peter Frey, der Chefredakteur des *ARD*-Hauptstadtstudios in Berlin Ulrich Deppendorf, der Chefredakteur der *Zeit* Giovanni di Lorenzo, der Herausgeber der *WELT* und Geschäftsführer von *N24 Media* Stefan Aust, der Chefredakteur des *Tagesspiegel* Stephan-Andreas Casdorff, der Chefredakteur der *Weltwoche* Roger Köppel, der Chefredakteur für Digitale Medien der *Frankfurter Allgemeinen Zeitung* Mathias Müller von Blumencron, die Leiterin des *FAZ*-Literaturforums Rachel Salamander, der Gründungsdirektor des *Deutschlandradios* Ernst Elitz, der ehemalige Fernsehdirektor der *Deutschen Welle* Christoph Lanz, der Aufsichtsratsvorsitzende von Renault und ehemalige Aufsichtsratsvorsitzende von *Le Monde* Louis Schweitzer, der britische Verleger Lord George Weidenfeld, der ehemalige tschechische Außenminister S.D. (Seine Durchlaucht) Fürst Karel zu Schwarzenberg.

Klitschko, »der sein Boxhandwerk auf einem sowjetischen Militärstützpunkt erlernt hat und bis heute besser Deutsch als Ukrainisch spricht«[143], warb bei der Preisverleihung um Unterstützung für das Wahnsinnsvorhaben seines Intimus Arsenij Jazenjuk, eine 3.000 Kilometer lange »Schutzmauer« gegen Russland zu errichten. Die

[143] Uli Gellermann, Vitali Klitschko. Ich krieg dich, der Teufel kriegt dich; zit. n.: http://www.rationalgalerie.de/schmock/vitali-klitschko.html (24.09.14).

deutsche Bundeskanzlerin Merkel und ihr Außenminister Steinmeier hatten sich vergeblich darum bemüht, ihn als neuen Präsidenten der Ukraine salonfähig zu machen, und offenbar hatte auch die Konrad-Adenauer-Stiftung der CDU viel Geld in ihn investiert. Vielleicht gefiel ihnen der Song »Hells Bells« der Rockgruppe AC/DC, der Klitschko jahrelang als Einlauflied in den Ring begleitete: »Ich bin ein rollender Donner, ein gießender Regen – Ich komme wie ein Hurrikan an. … Ich will keine Gefangenen nehmen, kein Leben verschonen – Keiner legt sich mit mir an …«

3. Am 16. September 2014 haben die Parlamente der EU und der Kiewer Ukraine das lange geplante Assoziierungsabkommen verabschiedet. Das Freihandelsabkommen soll vereinbarungsgemäß später in Kraft treten. Präsident Poroschenko sprach von einem »ersten Schritt« in die Europäische Union.

Zugleich hat das Parlament im Schnellverfahren ein Gesetz über den Sonderstatus der ostukrainischen Gebiete sowie eine Amnestie für die dortigen Separatisten beschlossen. Poroschenko ließ verlauten, damit sollten die Selbstverwaltungsrechte der Regionen Donezk und Luhansk gestärkt werden und die Beteiligten an den bisherigen Kämpfen straffrei bleiben. Ferner wird der russischsprachigen Bevölkerung das Recht auf ihre Sprache, eigene Wahlen und eigene Milizen zugestanden. Das Gesetz gilt für drei Jahre. Allerdings sollen die Separatisten in den bisher völkerrechtlich nicht anerkannten Volksrepubliken Donezk und Luhansk auf einen unabhängigen Status verzichten.

Während Russland und die USA positiv reagierten, kritisierten in Kiew Politiker der extremen Rechten, das Gesetz leiste einer schleichenden Abspaltung der Ostukraine Vorschub. Julia Timoschenko und Mitglieder der Vaterlandspartei fordern ebenfalls eine Rücknahme des Gesetzes. Aber auch in Kreisen der Separatisten äußerte man sich skeptisch und kündigte eine genauere Prüfung an.[144/145]

In einigen westlichen Medien gab es wieder die übliche Russland-Denunziation. Obwohl bekannt ist, dass bei Inkrafttreten des Freihandelsabkommens Waren aus der EU über die Ukraine zollfrei nach Russland weitergeleitet werden könnten, ist in der *WELT* zu lesen: »Die Ukraine rückt näher an die EU, aber es gibt eine Schwachstelle. Das Freihandelsabkommen wird verschoben aus Furcht vor Russlands Rache.«[146] Die österreichische *Presse* polemisiert, durch die Verschiebung des Freihandelsabkommens werde »der Ausbruchsversuch aus dem Moskauer Orbit« erschwert, das »undeklarierte Ziel« Moskaus sei, die Ukraine als ihren Satelliten zu behalten.[147] Die *Bild*-Zeitung hetzt: »EU und Kiew besiegeln Anti-Putin-Pakt.«[148]

---

[144] Deutsche Presse-Agentur dpa, Reuters u.a., Parlament in Kiew billigt Separatisten Autonomie zu; zit. n.: http://www.zeit.de/politik/ausland/2014-09/ukrainisches-parlament-beschliesst-sonderstatus-fuer-donbass (24.09.14).

[145] Deutsche Presse-Agentur dpa, Widerstand in der Rada gegen Sonderstatus für Osten; zit. n.: http://www.rp-online.de/politik/ausland/widerstand-in-der-rada-gegen-sonderstatus-fuer-osten-aid-1.4532673 (24.09.14).

[146] Florian Eder, Christoph B. Schlitz, ›Keine Nation hat einen so hohen Preis gezahlt‹; zit. n.: http://www.welt.de/politik/ausland/article132322622/Keine-Nation-hat-einen-so-hohen-Preis-gezahlt.html (24.09.14).

[147] Michael Laczynski, EU/Ukraine. Ausbruchversuch aus Moskaus Orbit; zit. n.: http://diepresse.com/home/politik/aussenpolitik/3870759/EU-Ukraine_Ausbruchsversuch-aus-Moskaus-Orbit (24.09.14).

[148] »Partnerschaftsabkommen. EU und Kiew besiegeln Anti-Putin-Pakt«; zit. n.: http://www.bild.de/politik/ausland/ukraine/ukraine-und-eu-beschliessen-partnerschaftsabkommen-37688682.bild.html?utm_source=dlvr.it&utm_medium=twitter (24.09.14).

Der ukrainische Ministerpräsident Arseni Jazenjuk beschuldigt Wladimir Putin, er wolle »die Ukraine als unabhängigen Staat eliminieren«.[149]

4. Und schon wieder ein Manöver der NATO, diesmal in der Westukraine, obwohl das Land nicht zum Verteidigungsbündnis gehört. »Rapid Trident« (Schneller Dreizack) wird in der Zeit vom 15. Bis 26. September unter Führung der USA und Beteiligung von insgesamt sechzehn NATO-Staaten durchgeführt. Nach offiziellen Angaben sollen die Übungen dazu dienen, die regionale Stabilität und Sicherheit zu fördern, Partnerschaft und Zusammenarbeit zwischen den USA, der EU, den Landstreitkräften der Ukraine und anderen Partnernationen zu stärken.[150] Aus ukrainischen Militärkreisen war zu hören: »Augenblicklich steht uns ein Gegner mit einer der mächtigsten Armeen der Welt und Atomwaffen gegenüber.«

Am 18. September verbreiten dann mehrere Medien das Gerücht, der russische Präsident Putin habe gedroht, russische Truppen könnten binnen zwei Tagen nicht nur in Kiew, sondern auch in Riga, Vilnius, Tallinn, Warschau oder Bukarest sein. Das habe Petro Poroschenko bei dem Treffen am 5. September 2014 in Minsk dem Präsidenten der Europäischen Kommission José Manuel Barroso anvertraut, angeblich »um deutlich zu machen, wie emo-

---

[149] Deutsche Presse-Agentur dpa, Krieg der Worte. Arseni Jazenjuk ›Putin will Ukraine auslöschen‹; zit. n.: http://www.rp-online.de/politik/ausland/arseni-jazenjuk-putin-will-ukraine-ausloeschen-aid-1.4523940 (24.09.14).

[150] Deutsche Presse-Agentur dpa, Manöver ›Rapid Trident‹. Nato-Staaten starten Militärübung in der Ukraine; zit. n.: http://www.spiegel.de/politik/ausland/ukraine-nato-startet-militaeruebung-rapid-trident-putin-protestiert-a-991614.html (24.09.14).

tional der russische Staatschef auf den Einfluss der EU auf Staaten in der russischen Nachbarschaft reagiere.« Beweise gibt es nicht, offensichtlich ist das wieder nur eine Lügenkampagne, um Öl ins Feuer zu gießen. Während es bei *T-Online* noch heißt, »Putin droht angeblich mit Einmarsch in Europa«[151], berichtet *Focus Online* bereits: »Putin droht Europa: Truppen in zwei Tagen in Warschau«[152] und die *Nachrichten für Südtirol* titeln: »Putin droht mit Einmarsch in Riga oder Warschau.«[153] Der stellvertretende Vorsitzende der CDU/CSU-Bundestagsfraktion Michael Fuchs zieht daraus die Erkenntnis: »Das zeigt den Charakter dieses Herrn. Wir müssen gewappnet sein ... Wir müssen davon ausgehen, dass Putin seine Interessen brachial vertritt. Das beweist er jeden Tag aufs Neue.«[154]

5. Am 21. September 2014 berichteten die Medien über Proteste gegen die russische Regierung in Moskau. Mehrere Tausend Demonstranten protestierten unter dem Motto »Nein zum Krieg!« gegen Putins Ukraine-Politik. Unterzeichner einer »Anti-Kriegs-Resolution« warnten

---

151 AFP Agence France-Presse, Putin droht angeblich erneut mit Einmarsch in Europa; zit. n.: http://www.t-online.de/nachrichten/specials/id_71064016/wladimir-putin-provoziert-mit-moeglichen-einmarsch-in-europa.html (24.09.14).

152 »Russland soll die Separatisten mit Luftverteidigungssystemen beliefert haben«; zit. n.: http://www.focus.de/politik/ausland/ukraine-krise-putin-russische-truppen-in-zwei-tagen-in-warschau_id_4141806.html (24.09.14).

153 APA Austria Presse Agentur, AFP Agence France-Presse, Bericht. Putin droht mit Einmarsch in Warschau; zit. n.: http://www.stol.it/Artikel/Politik-im-Ueberblick/Politik/Bericht-Putin-droht-mit-Einmarsch-in-Riga-oder-Warschau (24.09.14).

154 Christian Rothenberg, Stille Post zwischen Präsidenten? Putin provoziert, Poroschenko plaudert; zit. n.: http://www.n-tv.de/politik/Putin-provoziert-Poroschenko-plaudert-article13631951.html (24.09.14).

vor der Gefahr, in Russland könne sich ein »faschistisches Regime« entwickeln. Unterstützt wird diese Opposition von dem in der Schweiz lebenden Milliardär und ehemals reichsten Oligarchen Russlands, Michail Chodorkowski, der wegen Steuerhinterziehung und Betrugs zehn Jahre in Haft war und 2013 von Putin amnestiert wurde.[155]

Die Provokationen nehmen kein Ende. Dabei bedarf es nur eines Zwischenfalls, um den Zündfunken für die direkte Konfrontation auszulösen. Die ehemalige *ARD*-Russlandkorrespondentin Gabriele Krone-Schmalz spricht in einem Interview mit dem voreingenommenen, für tendenziöse Berichterstattung verantwortlichen Chefredakteur von *ARD-aktuell* Kai Gniffke über ihre Befürchtung, »dass durch eine unprofessionelle Entscheidung, vorbereitet durch unprofessionell arbeitende Medien, etwas passiert, was wir alle nicht überleben«.[156]

Europa befindet sich in einem Wirtschaftskrieg gegen Russland, die NATO provoziert, Kiew wird von mehreren NATO-Staaten mit Waffen beliefert, das Militärbündnis hält weitere Manöver ab und die russische Armee führt Militärübungen in Sibirien und im Schwarzen Meer durch. Aber die Journalisten-»Elite« trifft sich mit einem der ukrainischen Provokateure zu einer Gala in Potsdam und die westlichen Politiker dreschen Phrasen, drohen und hetzen. Zwar sind einige Politiker und ein Teil der Medien zurückhaltender geworden, aber der Tanz auf dem Vulkan geht weiter. Wir hoffen immer noch, dass uns der Ausbruch erspart bleibt.

---

155 Deutsche Presse-Agentur dpa, Tausende demonstrieren in Moskau für Frieden; zit. n.: http://www.zeit.de/politik/ausland/2014-09/russland-demonstration-frieden (24.09.14).

156 Gabriele Krone-Schmalz, Das darf nicht sein – NDR/ZAPP; zit. n.: http://www.youtube.com/watch?v=22VfEe1RkH8 (24.09.14).

Ausblick

Niemand kann derzeit voraussagen, wie es in der Ukraine-Krise weitergeht. Wird es zum offenen Krieg mit Russland kommen? Oder wird der Bürgerkrieg, dem immer mehr Menschen zum Opfer fallen, noch eine Weile andauern? Werden Phasen der Aggression Phasen der Entspannung folgen?

Vieles ist denkbar, alles ist offen. Aber eines ist durch die Ukraine-Krise für die Menschen in Europa überdeutlich geworden: Die USA sind kein Vorbild für Frieden und Freiheit. Seit mehr als einem halben Jahrhundert gehen von dort zerstörerische Ideologien und grauenhafte Kriege aus, die ihrem Gründungsanspruch, wie in der Unabhängigkeitserklärung von 1776 und in der Verfassung von 1787 niedergelegt, Hohn sprechen.

Europa hat sich diesem durch nichts gerechtfertigten Machtanspruch einhellig ergeben. Die USA können überall in der Welt in kürzester Zeit Krisen inszenieren, wie es gerade passt. Ob hier langfristige Pläne umgesetzt werden oder kurzfristiges Chaos den Interessengruppen dient – nach jedem dieser Schachzüge steht die Welt näher am Abgrund.

Spätestens nach dem 11. September 2001 ist eine Schranke der Rechtsstaatlichkeit gefallen. Die US-amerikanische Gesellschaft ist zerrüttet, ihre Regierung schon lange nicht mehr in der Lage, Wohlstand für die Mehrheit zu schaffen und Gerechtigkeit für alle möglich zu machen.

Unfassbar hohe Mordzahlen, ein gigantisches Drogenproblem, ein marodes, völlig überteuertes Gesundheitssystem, eine kaputte Infrastruktur, Schulen, die den Namen nicht verdienen, offener Rassismus, unkontrollierte Polizeigewalt, ganze Bevölkerungsschichten, die außerhalb der Armee kaum noch eine Perspektive haben – dies alles vor dem Hintergrund einer Staatsverschuldung, die niemals abgetragen werden kann. Ein Horrorszenario.

Man wünschte den USA Politiker, die den Mut hätten, das eigene Land als Interventionsfall zu erkennen, statt überall in der Welt Chaos und Unglück zu verbreiten. Und für die Staaten Europas wäre es an der Zeit, auf dem verhängnisvollen Weg in Krieg und Zerstörung einzuhalten, die Interessen der Bevölkerung in den Blick zu nehmen und ihre souveränen Rechte durch vernünftige Politik zu wahren.

Nur ein schöner Traum? Die kalten Krieger und die Profiteure des heißen Krieges könnten sich täuschen.

Statt eines Nachworts

Drei Wortmeldungen zur Sache:
Wladimir Putin, Karl-Wilhelm Lange und Willy Wimmer

Wladimir Putin
Rede des russischen Präsidenten Wladimir Putin zum *Beitritt der Krim zur Russischen Föderation* im Kreml am 18. März 2014

Guten Tag, sehr verehrte Mitglieder des Föderationsrats, sehr verehrte Abgeordnete der Staatsduma! Sehr geehrte Vertreter der Republik Krim und der Stadt Sewastopol – ja, sie sind hier, unter uns, als Bürger Russlands, Einwohner der Krim und Sewastopols!

Verehrte Freunde, heute haben wir uns zur Besprechung einer Frage hier versammelt, die lebenswichtig und von historischem Ausmaß für uns alle ist. Am 16. März hat auf der Krim ein Referendum stattgefunden. Dieses Referendum verlief in voller Übereinstimmung mit demokratischen Normen und internationalen Vorschriften.

An der Abstimmung haben mehr als 82% der Wähler teilgenommen, über 96% sprachen sich für einen Anschluss an Russland aus. Diese Zahlen sind durchaus überzeugend.

Um zu verstehen, warum es zu genau dieser Wahl gekommen ist, genügt es, die Geschichte Russlands zu kennen und zu verstehen, was die Krim für Russland und was Russland für die Krim bedeutet.

Alles auf der Krim ist von unserer gemeinsamen Geschichte, unserem gemeinsamen Stolz durchdrungen. Hier liegt das antike Chersones, wo der heilige Fürst Wladimir getauft wurde. Seine geistliche Aufopferung – die Annahme des orthodoxen Glaubens – bestimmte die allgemeine kulturelle Basis, das Wertesystem und die Zivilisation voraus, welche die Völker Russlands, der Ukraine und Weißrusslands vereint. Auf der Krim gibt es Gräber der russischen Soldaten, durch deren Heldenmut die Krim im Jahre 1783 unter russische Herrschaft kam. Die Krim – das ist Sewastopol, eine Legende von einer Stadt, eine Stadt mit einem großartigen Schicksal, eine Festungsstadt und die Heimatstadt der Schwarzmeerflotte. Die Krim – das ist Balaklawa und Kertsch, Malachow und Sapungora. Jeder dieser Orte ist ein Heiligtum für uns, all das sind Symbole für militärischen Ruhm und Heroismus.

Die Krim ist eine einmalige Mischung aus den Kulturen und den Traditionen verschiedener Völker, und auch dadurch ähnelt sie dem großen Russland, wo im Verlauf der Jahrhunderte keine einzige der zahlreichen Völkerschaften verschwunden ist oder sich aufgelöst hat. Russen und Ukrainer, Krimtataren und Vertreter anderer Völkerschaften lebten und wirkten gemeinsam auf dem Boden der Krim, sie bewahrten sich ihre Eigenständigkeit, ihre Sprache und ihren Glauben.

Übrigens sind von den 2.200.000 Einwohnern der Krim heute fast anderthalb Millionen Russen, 350.000 Ukrainer, die überwiegend die russische Sprache als ihre Muttersprache betrachten, sowie ungefähr 290-300.000 Krimtataren, ein bedeutender Teil derer, wie das Referendum gezeigt hat, sich ebenfalls in Richtung Russland orientieren.

Ja, es gab eine Zeit, als man den Krimtataren, wie auch anderen Völkerschaften der UdSSR gegenüber mit Härte und Ungerechtigkeit aufgetreten ist. Ich will eines sagen: Millionen von Menschen verschiedener Nationalitäten wurden Opfer der damaligen Repressionen, vor allem natürlich auch Russen. Die Krimtataren sind inzwischen in ihre Heimat zurückgekehrt. Ich bin der Ansicht, dass es notwendig ist, alle politischen und rechtlichen Schritte dazu zu unternehmen, die Rehabilitation der Krimtataren zu vollenden und ihren guten Namen in vollem Umfang wiederherzustellen.

Wir achten Vertreter aller Nationalitäten, die auf der Krim leben. Das ist ihr gemeinsames Haus, ihre kleine Heimat, und es wäre sicher richtig – denn ich weiß, dass die Einwohner der Krim das unterstützen – gäbe es dort nebeneinander drei gleichberechtigte Landessprachen: Russisch, Ukrainisch und Krimtatarisch.

Verehrte Kollegen! Im Herzen und im Bewusstsein der Menschen war und bleibt die Krim ein unabdingbarer Bestandteil Russlands. Diese auf der Wahrheit und Gerechtigkeit beruhende Überzeugung war unerschütterlich und wurde von einer Generation an die nächste übergeben, vor ihr waren Zeit, Umstände und all die dramatischen Umbrüche machtlos, die wir und unser Land im Verlauf des 20. Jahrhunderts durchlitten haben.

Nach der Revolution haben die Bolschewiken aus verschiedenen Beweggründen – Gott möge ihnen ein Richter sein – bedeutende Gebiete des historischen Südrussland an die Ukrainische Unionsrepublik abgetreten. Das passierte ohne Berücksichtigung der nationalen Zusammensetzung der Bewohner, und das ist der heutige Südosten der Ukraine. 1954 folgte dann die Entscheidung, die Oblast Krim an die Ukraine zu übergeben, dazu kam noch die Stadt Sewastopol, obwohl diese damals direkt der Union unterstand. Der Initiator dahinter war der Chef der Kommunistischen Partei der Sowjetunion, Chruschtschow, persönlich. Was seine Beweggründe waren – ob das Streben nach Unterstützung bei der ukrainischen Nomenklatur, oder das Bemühen, seine Mitschuld an den massiven Repressionen in der Ukraine in den 1930er Jahren auszubügeln – sei dahingestellt; das mögen Historiker untersuchen.

Für uns ist etwas anderes wichtig: diese Entscheidung war eine Verletzung aller schon damals gültigen verfassungsmäßigen Normen. Diese Entscheidung wurde insgeheim, »auf den Fluren« getroffen. Natürlich wurde unter den Bedingungen des totalitären Staates nicht die Meinung der Bewohner der Krim und Sewastopols eingeholt. Natürlich gab es Fragen, warum denn die Krim plötzlich zur Ukraine gehört. Aber im Großen und Ganzen, das muss man direkt so sagen, wir verstehen das ja, wurde diese Entscheidung als reine Formsache empfunden, denn es war ja nichts als eine Umverteilung von Territorium innerhalb eines großen Landes. Damals war es nicht vorstellbar, dass die Ukraine und Russland einmal nicht mehr zusammen sein, dass sie zu verschiedenen Staaten werden. Aber so ist es gekommen.

Das, was unwahrscheinlich schien, wurde leider zu Realität. Die Sowjetunion zerfiel. Die Ereignisse entwickelten sich so schnell, dass kaum jemand unter den damaligen Menschen die ganze Dramatik der Ereignisse und ihrer Folgen einzuschätzen wusste. Viele Menschen sowohl in Russland, als auch in der Ukraine und auch in anderen ehemaligen Sowjetrepubliken hofften, dass die damals neu entstandene Gemeinschaft Unabhängiger Staaten zu einer neuen Form einer gemeinsamen Staatlichkeit erwächst. Es wurde ja eine gemeinsame Währung, ein einheitlicher Wirtschaftsraum und gemeinsame Streitkräfte versprochen, doch all das blieben nur Versprechungen, dabei hat aber ein großes Land aufgehört zu existieren. Als die Krim sich nun auf dem Gebiet eines anderen Staates befand, hat Russland das so empfunden, als sei es nicht nur beraubt, sondern regelrecht bestohlen worden.

Gleichzeitig muss man einräumen, dass Russland selbst durch die Initiierung der Unabhängigkeitserklärungen dem Zerfall der UdSSR Vorschub geleistet hat, bei dessen Gestaltung sowohl die Krim, als auch die Hauptbasis der Schwarzmeerflotte Sewastopol vergessen wurden. Millionen von Russen gingen in einem Land schlafen, und wachten hinter einer Grenze auf; sie wurden in einem Augenblick zu einer nationalen Minderheit in den ehemaligen Sowjetrepubliken, und das russische Volk wurde damals zum größten geteilten Volk der Welt.

Heute, viele Jahre später, hörte ich, wie die Einwohner der Krim sagten, dass sie damals, 1991, wie ein Sack Kartoffeln einfach aus den einen Händen in andere übergeben wurden. Es ist schwer, dem zu widersprechen. Der russische Staat tat was? Er senkte sein Haupt und fand sich damit ab, schluckte diese Beleidigung. Unser Land befand sich damals in einer kritischen Lage, es konnte einfach nicht für seine Interessen einstehen. Doch die Menschen konnten sich mit dieser himmelschreienden historischen Ungerechtigkeit nicht abfinden. All diese Jahre haben sowohl die Bürger, als auch viele Persönlichkeiten der Gesellschaft dieses Thema oft angesprochen, indem sie sagten, dass die Krim seit jeher russische Erde sei, und Sewastopol eine russische Stadt. Ja, wir haben all das gut verstanden und im Herzen und in der Seele nachfühlen können, aber man musste von den Gegebenheiten ausgehen und nun auf einer neuen Grundlage gutnachbarliche Beziehungen mit der unabhängigen Ukraine aufbauen. Die Beziehungen zur Ukraine, mit dem ukrainischen Brudervolk waren und bleiben für uns höchst wichtig – ganz ohne Übertreibung.

Heute kann man bereits offen darüber sprechen, deswegen möchte ich Ihnen einige Details aus den Verhandlungen vom Beginn der 2000er Jahre anführen. Damals hat der ukrainische Präsident Kutschma mich gebeten, den Prozess der Grenzziehung der russisch-ukrainischen Grenze zu beschleunigen. Bis dahin war dieser Prozess faktisch nicht vorangekommen. Irgendwie hatte Russland die Krim als Teil der Ukraine anerkannt, doch Gespräche über eine Grenzziehung gab es nicht. Ich war mir der ganzen Schwierigkeiten dieser Sache bewusst, gab aber gleich Anweisung, mit dieser Arbeit zu beginnen – nämlich die Grenzen festzuschreiben, damit alle verstanden: durch ein Einverständnis mit einer Grenzziehung erkennen wir die Krim de facto und de jure als ukrainisches Territorium an, womit wir diese Frage ein für alle Mal klärten.

Wir sind der Ukraine nicht nur in der Frage der Krim entgegengekommen, sondern auch in solch schwierigen Themen wie der Grenzziehung im Aquatorium des Asowschen Meeres und der Straße von Kertsch. Wovon sind wir damals ausgegangen? Wir gingen davon aus, dass ein gutnachbarliches Verhältnis zur Ukraine für uns das Wichtigste ist, und dass sie nicht Geiseln von unauflösbaren Territorialstreitigkeiten sein dürfen. Aber bei alledem rechneten wir natürlich auch damit, dass die Ukraine uns ein guter Nachbar sein wird, dass die Russen und die russischsprachigen Bürger in der Ukraine, besonders in ihrem Südosten, unter den Bedingungen eines freundschaftlichen, demokratischen und zivilisierten Staates leben werden, wo ihre Rechte in Entsprechung mit internationalen Normen gewährleistet werden.

Allerdings begann die Lage sich anders zu entwickeln. Mal für Mal kam es zu Versuchen, die Russen ihrer historischen Erinnerungen zu berauben, mitunter auch ihrer Muttersprache, womit sie zwangsweise assimiliert werden sollten. Natürlich litten die Russen wie auch andere Bürger der Ukraine unter der permanenten politischen und staatlichen Krise, welche die Ukraine bereits seit mehr als 20 Jahren erschüttert.

Ich kann gut verstehen, warum die Menschen in der Ukraine Veränderung wollten. In den Jahren der Unabhängigkeit sind sie dieser Staatsmacht überdrüssig geworden. Es wechselten die Präsidenten, die Premiers, die Abgeordneten der Rada, aber das Verhältnis zu ihrem Land, zum Volk, blieb immer das Gleiche. Sie saugten die Ukraine aus, stritten untereinander um Vollmachten, Aktiva und Finanzströme. Dabei interessierte es die Mächtigen kaum, wie es den einfachen Menschen geht, warum beispielsweise Millionen von Ukrainern keine Perspektive im eigenen Land sehen und deshalb gezwungen waren, zu Tagelöhnerarbeiten ins Ausland zu gehen. Das will ich unterstreichen – es ging nicht um die »Silicon Valleys«, sondern genau um Tagelöhnerarbeiten. Allein in Russland gingen im vergangenen Jahr um die 3 Millionen Ukrainer einer Arbeit nach. Nach einigen Angaben beträgt die Summe ihrer Einkünfte für das Jahr 2013 in Russland insgesamt über 20 Milliarden US-Dollar, das sind etwa 12 Prozent des Bruttoinlandsprodukts der Ukraine.

Ich wiederhole: ich kann die gut verstehen, die unter friedlichen Losungen auf den Maidan gingen, um gegen Korruption, ineffiziente Staatsführung und Armut zu protestieren. Das Recht auf friedliche Proteste, auf demokratische Prozesse und Wahlen existiert ja gerade dazu, um eine Regierung abzuwählen, die den Menschen missfällt. Doch die, welche hinter den letzten Ereignissen standen, verfolgten ganz andere Ziele – sie bereiteten einem Staatsstreich die Wege. Dazu wurden Terror, Mord und Pogrome veranstaltet. Die treibenden Kräfte des Staatsstreichs waren Nationalisten, Neonazis, Russophobe und Antisemiten. Genau sie sind es auch, die bis heute in vielerlei Hinsicht das Leben in der Ukraine bestimmen.

Gleich zu Beginn wird von der sogenannten »Regierung« über eine skandalöse Gesetzesvorlage einer Änderung der Sprachenpolitik im Lande beraten und durch die

Rechte nationaler Minderheiten direkt verletzt würden. Freilich haben die ausländischen Sponsoren dieser heutigen »Politiker«, die Berater der heutigen »Regierung« die Initiatoren dieser Idee sogleich zurückgepfiffen. Sie sind ja durchaus kluge Leute, das muss man ihnen schon zugestehen, und sie wissen, wozu Versuche führen werden, eine ethnisch reine Ukraine aufzubauen. Die Gesetzesvorlage wurde zurückgestellt, aber ganz offenbar auf Zeit. Von der Existenz dieser Gesetzesvorlage wird jetzt geschwiegen, offenbar kalkuliert man mit dem kurzen Gedächtnis der Menschen. Aber es ist allen vollkommen klar geworden, was genau die heutigen ideellen Erben Banderas – Hitlers Mittäter in der Zeit des Zweiten Weltkriegs – in nächster Zeit unternehmen werden.

Klar ist ebenso, dass es bis heute keine legitime exekutive Macht in der Ukraine gibt, es gibt niemanden, mit dem man verhandeln könnte. Viele staatliche Organe sind von Titelbetrügern usurpiert worden, dabei haben sie keine Kontrolle über irgendetwas im Lande, im Gegenteil – und das will ich betonen – oftmals befinden sie sich unter der Kontrolle von Radikalen. Um zu einem Empfang bei manchem Minister der heutigen Regierung vorgelassen zu werden, benötigt man die Genehmigung bewaffneter Schläger vom Maidan. Das ist kein Scherz, sondern heutige Realität.

Denen, die dem Putsch Widerstand leisteten, wurden Repressionen und Strafexpeditionen angedroht. Und natürlich war die russischsprachige Krim die erste in dieser Reihe. Im Zusammenhang damit haben sich die Bewohner der Krim und Sewastopols an Russland gewandt, mit dem Aufruf, ihre Rechte und ihr Leben zu schützen und das, was im Lande ablief, nicht zuzulassen – was aber bis heute noch in Kiew, in Donezk, in Charkow und anderen Städten in der Ukraine passiert.

Natürlich konnten wir diese Bitte nicht ausschlagen, wir konnten die Krim und ihre Bewohner nicht der Not überlassen, denn das wäre Verrat gewesen.

Vor allem ging es darum, Bedingungen für eine friedliche, freie Meinungsäußerung zu schaffen, damit die Bewohner der Krim ihr Schicksal erstmals in der Geschichte selbst bestimmen konnten. Allerdings was hören wir heute von unseren Kollegen in Westeuropa, in Nordamerika? Uns wird gesagt, wir würden die geltenden Normen des Völkerrechts verletzen. Erstens, es ist sehr gut, dass sie sich wenigstens daran erinnern, dass es ein Völkerrecht gibt – vielen Dank schon allein dafür; besser spät, als nie.

Und zweitens, das Wichtigste: was ist es denn, was wir angeblich verletzen? Ja, der Präsident der Russischen Föderation bekam vom Oberhaus des Parlaments das Recht, die Streitkräfte in der Ukraine einzusetzen. Doch von diesem Recht wurde streng genommen noch nicht einmal Gebrauch gemacht. Die Streitkräfte Russlands sind nicht auf das Territorium der Krim eingedrungen, sondern sie waren in Entsprechung mit einem internationalen Vertrag bereits dort. Ja, wir haben unsere Gruppierung vor Ort verstärkt, sind dabei aber – und ich möchte das unterstreichen, damit es alle wissen und es hören – haben wir die maximal zulässige Mannzahl unserer Truppenpräsenz auf der Krim nicht überschritten; diese sieht 25.000 Mann vor, aber es bestand kein Bedarf an einer solchen Zahl.

Und weiter. Bei der Unabhängigkeitserklärung und der Ausrufung eines Referendums hat der Oberste Rat der Krim sich auf die UN-Charta berufen, in der davon die Rede ist, dass eine Nation über Selbstbestimmungsrecht verfügt. Übrigens hat die Ukraine selbst sich textlich fast identisch darauf berufen, als sie aus der UdSSR ausschied – das sei angemerkt. Die Ukraine nahm dieses Recht für sich in Anspruch, und den Bewohnern der Krim wird es verwehrt. Aus welchem Grund?

Außerdem stütze sich die Regierung der Krim auf den bekannten Präzedenzfall mit Kosovo, ein Präzedenzfall, den unsere westlichen Partner selbst geschaffen haben, quasi mit eigenen Händen, und zwar in einer Lage, die der in der Krim ganz analog ist; man erkannte die Trennung des Kosovo von Serbien für legitim und versuchte die Beweisführung, dass es keinerlei Einverständnisses der Zentralmacht für solche unilateralen Unabhängigkeitserklärungen bedürfe. Der Internationale Gerichtshof der UN hat auf Grundlage von Paragraph 1 Punkt 2 der UN-Charta sein Einverständnis damit erklärt und in seiner Entscheidung am 22. Juli 2010 folgendes erklärt. Ich zitiere wörtlich: »Es besteht kein allgemeines Verbot einseitiger Unabhängigkeitserklärungen, das aus der Praxis des Sicherheitsrates resultieren würde« – und weiter: »Das allgemeine Völkerrecht beinhaltet keinerlei anwendbares Verbot von Unabhängigkeitserklärungen«. Wie man so schön sagt, alles glasklar.

Ich mag es nicht besonders, Zitate anzubringen, aber kann doch nicht davon absehen, noch einen Auszug aus einem offiziellen Dokument zu bringen, diesmal ist das ein schriftliches Memorandum der USA vom 17. April 2009, das diesem Internationalen Gerichtshof im Zusammenhang mit der Anhörung zu Kosovo eingebracht wurde. Wieder Zitat: »Unabhängigkeitserklärungen können, wie das auch häufig passiert, das innere Recht verletzen. Aber das bedeutet nicht, dass dadurch das Völkerrecht verletzt wird«. Zitat Ende. Sie haben es selbst geschrieben, der ganzen Welt verkündet, alle zurechtgebogen, und nun regen sie sich auf. Worüber denn? Das, was die Bewohner der Krim tun, passt exakt in diese Instruktion – eine solche ist es ja faktisch. Das, was die Albaner in Kosovo (denen wir mit Achtung begegnen) dürfen, wird den Russen, Ukrainern und Krimtataren auf der Krim verwehrt. Wieder die Frage: Warum?

Von genau den gleichen – von den Vereinigten Staaten und von Europa – hören wir, dass Kosovo angeblich ein Sonderfall gewesen sei. Worin besteht denn das Besondere nach Meinung unserer Kollegen? Es stellt sich heraus, dass es darin besteht, dass es im Verlauf des Kosovokonflikts viele menschliche Opfer gegeben hat. Was ist das denn – ein juristisches Argument? In der Entscheidung des Internationalen Gerichtshofs ist davon überhaupt keine Rede. Wissen Sie, das sind schon nicht einmal mehr doppelte Standards. Das ist ein frappierend primitiver und unverhohlener Zynismus. Es kann doch nicht sein, dass man alles so grob seinen Interessen zurechtbiegt, ein und dieselbe Sache heute »schwarz« und morgen »weiß« nennt. Denn soll daraus etwa folgen, dass man einen jeden Konflikt bis zu menschlichen Opfern vorantreiben muss?

Ich will es direkt sagen: Wenn die örtlichen Einheiten der Selbstverteidigung die Lage nicht rechtzeitig unter ihre Kontrolle gebracht hätten, hätte es dort auch Opfer geben können. Und Gott sei Dank ist das nicht passiert! In der Krim ist es zu keinem einzigen bewaffneten Zusammenstoß gekommen, es gab keine menschlichen Opfer. Was denken Sie, weshalb? Die Antwort ist einfach: Weil es schwierig oder praktisch unmöglich ist, gegen ein Volk und dessen Willen Krieg zu führen. In diesem Zusammenhang möchte ich den ukrainischen Armeeangehörigen danken – und das sind nicht wenige, insgesamt 22.000 Mann mit voller Bewaffnung. Ich will denjenigen ukrainischen Armeeangehörigen danken, die sich nicht zu einem Blutvergießen haben hinreißen lassen und sich nicht mit Blut befleckt haben.

Verehrte Kollegen! Im Zusammenhang mit der Lage in der Ukraine spiegelt sich all das, was derzeit, aber auch bereits in den vergangenen Jahrzehnten in der Welt passiert. Nach dem Verschwinden der bipolaren Welt ist die Welt nicht etwa stabiler geworden. Wichtige und internationale Institutionen erstarken nicht, im Gegenteil, häufig ist es so, dass sie an Bedeutung verlieren. Unsere westlichen Partner, allen voran die Vereinigten Staaten, ziehen es vor, in ihrer praktischen Politik nicht vom Völkerrecht, sondern vom Recht des Stärkeren Gebrauch zu machen. Sie glauben an ihre Erwähltheit und Exklusivität, daran, dass sie die Geschicke der Welt lenken dürfen und daran, dass immer nur sie allein Recht haben können. Sie handeln so, wie es ihnen einfällt: mal hier, mal da wenden sie Gewalt gegen souveräne Staaten an, bilden Koalitionen nach dem Prinzip »wer nicht mit uns ist, ist gegen uns«. Um ihren Aggressionen das Mäntelchen der Rechtmäßigkeit zu verleihen, erwirken sie entsprechende Resolutionen bei internationalen Organisationen, und wenn das aus irgendeinem Grunde nicht gelingt, dann ignorieren sie sowohl den UN-Sicherheitsrat, als auch die UNO als Ganzes.

So war es in Jugoslawien – daran können wir uns gut erinnern – im Jahr 1999. Es war kaum zu glauben, ich traute meinen Augen nicht, doch am Ende des 20. Jahrhunderts wurde eine der europäischen Hauptstädte, Belgrad, von Raketen- und Bombenangriffen erschüttert, wonach eine wirkliche Intervention folgte. Was, gab es denn damals zu dieser Frage eine Resolution des UN-Sicherheitsrats, die ein solches Vorgehen gestatten würde? Nichts dergleichen. Danach folgten Afghanistan, Irak, und unverhohlene Verletzungen der UNSC-Resolution zu Libyen, als man anstelle der Einrichtung einer sogenannten Flugverbotszone mit Bombardements begann.

Es gab auch eine ganze Serie an gesteuerten »farbigen« Revolutionen. Es ist klar, dass die Menschen in den Ländern, in denen sie passierten, müde waren von der Tyrannei, von der Armut, von der Perspektivlosigkeit, doch diese Gefühle wurden zynisch ausgenutzt. Diesen Ländern wurden Standards aufgezwungen, die in keinerlei Weise den Lebensweisen, den Traditionen oder der Kultur dieser Völker entsprachen. Im Endeffekt herrscht anstelle von Demokratie und Freiheit das Chaos, Gewalt und eine Folge an Staatsstreichen. Der »Arabische Frühling« wurde zum »Arabischen Winter«.

Ein ähnliches Szenario kam in der Ukraine zur Anwendung. Im Jahr 2004 erfand man eine von der Verfassung nicht vorgesehene dritte Runde bei den Präsidentschaftswahlen, um den genehmen Kandidaten damit durchzubringen. Das ist ein Absurdum und ein Hohn gegen die Verfassung. Jetzt wurde eine vorab ausgebildete, gut ausgerüstete Armee aus bewaffneten Radikalen in das Szenario eingebracht.

Wir verstehen sehr gut, was hier abläuft, wir wissen, dass diese Aktionen sowohl gegen die Ukraine, als auch gegen Russland gerichtet waren, ebenso auch gegen eine Integration im eurasischen Raum. Und das während einer Zeit, in der Russland aufrichtig um Dialog mit unseren Kollegen im Westen bemüht war. Wir schlagen ständig Kooperation in Schlüsselfragen vor, wir wollen das gegenseitige Vertrauen fördern, wir wünschen, dass unsere Beziehungen auf Augenhöhe stattfinden, dass sie offen und ehrlich seien. Aber wir sehen keinerlei Entgegenkommen.

Im Gegenteil, wir wurden Mal ums Mal betrogen, es wurden Entscheidungen hinter unserem Rücken getroffen, man stellte uns vor vollendete Tatsachen. So war es mit der NATO-Osterweiterung, mit der Installation von militärischer Infrastruktur an unseren Grenzen. Uns wurde immer ein und dasselbe erzählt: »Na, das geht euch nichts an.« Es ist leicht gesagt, es gehe uns nichts an.

So war es auch mit der Entfaltung der Systeme der Raketenabwehr. Ungeachtet all unserer Befürchtungen bewegt sich die Maschinerie vorwärts. So war es auch mit dem endlosen In-die-Länge-Ziehen der Verhandlungen zu Fragen der Visafreiheit, mit den Versprechen eines ehrlichen Wettbewerbs und freiem Zugang zu den globalen Märkten.

Heute droht man uns mit Sanktionen, aber wir leben ohnehin schon unter einer Reihe an Einschränkungen, die für uns, unsere Wirtschaft und unser Land insgesamt sehr bedeutend sind. Beispielsweise haben die USA, danach auch andere Länder es noch im Kalten Krieg verboten, bestimmte Technologien und Ausrüstung an die UdSSR zu verkaufen, es gab dazu die sogenannten CoCom-Listen. Diese sind heute formal annulliert, aber nur formal, denn faktisch gelten viele Verbote auch weiterhin.

Kurz, wir haben allen Grund zu der Annahme, dass die sprichwörtliche Eindämmungspolitik gegen Russland, die sowohl im 18., im 19. und im 20. Jahrhundert aktuell war, auch heute noch fortgeführt wird. Man versucht ständig, uns in irgendeine Ecke zu drängen, und zwar dafür, dass wir eine unabhängige Position einnehmen, dafür, dass wir diese verteidigen, und dafür, dass wir die Dinge beim Namen nennen und nicht heucheln. Im Falle der Ukraine haben unsere westlichen Partner eine Grenze überschritten, handelten grob, verantwortungslos und unprofessionell.

Sie waren doch ausgezeichnet im Bilde darüber, dass sowohl in der Ukraine, als auch auf der Krim Millionen russischer Menschen leben. Wie sehr muss man denn politisches Feingefühl und Augenmaß eingebüßt haben, um alle Folgen seiner Handlungen nicht vorauszusehen? Russland ist an eine Grenze gekommen, hinter die es nicht mehr zurück konnte. Wenn man eine Feder bis zum Anschlag zusammendrückt, wird sie sich irgendwann einmal mit Gewalt ausspannen. Dessen sollte man immer gewahr sein.

Heute ist es notwendig, die Hysterie abzustellen, die Rhetorik aus Zeiten des Kalten Kriegs zu beenden und eine offensichtliche Sache anzuerkennen: Russland ist ein selbständiger, aktiver Faktor der internationalen Gemeinschaft, es hat, wie andere Länder auch, nationale Interessen, die man berücksichtigen und achten muss.

Dabei sind wir all denen dankbar, die unseren Schritten zur Lage auf der Krim mit Verständnis begegnet sind; wir sind dem chinesischen Volk dankbar, dessen Führung die Lage um die Ukraine und die Krim in der Fülle der historischen und politischen Komplexität betrachtete und auch weiterhin betrachtet; wir schätzen die Zurückhaltung und die Objektivität Indiens hoch.

Heute möchte ich mich ebenso auch an das Volk der Vereinigten Staaten von Amerika wenden, an die Menschen, die seit den Zeiten der Gründung dieses Staates, der Annahme der Unabhängigkeitserklärung stolz darauf sind, dass die Freiheit ihr höchstes Gut ist. Ist denn das Streben der Menschen auf der Krim nach freier Wahl ihres Schicksals nicht ebensolch ein Gut? Verstehen Sie uns.

Ich denke, auch die Europäer werden Verständnis haben, vor allem die Deutschen. Ich möchte daran erinnern, dass im Verlauf der politischen Konsultationen zur Vereinigung der BRD und der DDR auf, gelinde gesagt, Expertenebene, bei weitem nicht alle Vertreter der Länder, die Verbündete Deutschlands waren und sind, die Idee der

Wiedervereinigung befürwortet haben. Unser Land hat, ganz im Gegenteil, das aufrichtige und unaufhaltsame Streben der Deutschen nach nationaler Einheit eindeutig unterstützt. Ich bin mir sicher, dass Sie das nicht vergessen haben, und rechne damit, dass die Menschen in Deutschland ebenso auch das Bestreben der russischen Welt, des historischen Russland nach Wiedererrichtung der Einheit unterstützen.

Ich wende mich ebenso an das Volk der Ukraine. Ich wünsche aufrichtig, dass Sie uns verstehen: Wir wollen euch auf keine Weise schaden oder Ihre nationalen Gefühle verletzen. Wir haben die territoriale Integrität des ukrainischen Staates immer geachtet, im Gegensatz übrigens zu denen, die die Einheit der Ukraine ihren politischen Ambitionen opfern. Sie prunken mit Losungen über eine Groß-Ukraine, doch genau diese sind es, die alles dafür tun, das Land zu spalten. Der heutige gesellschaftliche Konflikt lastet vollständig auf deren Gewissen. Ich möchte, dass ihr mich anhört, liebe Freunde. Glaubt denen nicht, die euch mit Russland schrecken wollen, die davon schreien, dass der Krim weitere Regionen folgen werden. Wir wünschen keine Spaltung der Ukraine, das ist nicht das, was wir brauchen. Was die Krim anbetrifft, so ist und bleibt sie russisch, ukrainisch und krimtatarisch.

Ich wiederhole es – sie wird, wie es seit Jahrhunderten gewesen ist, eine Heimat für Vertreter aller dort lebenden Völker. Aber sie wird nie eine Heimat für Bandera-Anhänger sein!

Die Krim ist unser gemeinsames Erbe und ein höchst wichtiger Stabilitätsfaktor in der Region. Dieses strategisch bedeutsame Territorium muss sich unter einer starken, stabilen Souveränität befinden, die zum heutigen Tag de facto nur Russland sein kann. Sonst, liebe Freunde – und damit wende ich mich sowohl an die Ukraine, als auch an Russland – können wir die Krim insgesamt verlieren, und zwar in durchaus nicht langer Zeit. Bitte bedenken Sie diese Worte.

Ich möchte ebenso daran erinnern, dass es in Kiew bereits schon Erklärungen über einen Beitritt der Ukraine zur NATO gegeben hat. Was würde diese Perspektive für die Krim und Sewastopol bedeuten? Es würde bedeuten, das in einer Stadt der russischen militärischen Ehre die NATO-Flagge weht, dass es eine Bedrohung für den gesamten Süden Russlands gäbe – keine vorübergehende, sondern eine ganz konkrete. Alles, was hätte passieren können, ist eben das, was hätte passieren können, gäbe es die Wahl der Bewohner der Krim nicht. Dafür sei ihnen großer Dank.

Übrigens sind wir nicht gegen eine Zusammenarbeit mit der NATO, ganz und gar nicht. Wir sind dagegen, dass eine Militärallianz – und die NATO ist und bleibt bei allen internen Prozessen immer noch eine Militärallianz – vor unserem Zaun, an unserem Haus und auf unseren historischen Territorien das Sagen hätte. Wisst ihr, ich kann es mir einfach nicht vorstellen, dass wir nach Sewastopol zu Besuch bei NATO-Seeleuten fahren. Sie sind übrigens überwiegend ganz wunderbare Jungs, aber sollen sie lieber nach Sewastopol zu uns zu Besuch kommen, als wir zu ihnen.

Ich will es direkt sagen: es tut uns in der Seele weh, was gerade in der Ukraine passiert, dass Menschen leiden, dass sie nicht wissen, wie sie heute leben sollen und was morgen ist. Unsere Besorgnis ist verständlich, wir sind ja nicht einfach nur gute Bekannte, sondern wir sind faktisch, und das habe ich schon mehrfach betont, ein Volk. Kiew ist die Mutter der russischen Städte. Die alte Rus ist unser gemeinsamer Ursprung, und wir können nicht ohne einander, egal, was passiert.

Noch eines will ich sagen. In der Ukraine leben und werden weiterhin Millionen russischer Menschen, russischsprachiger Bürger leben, und Russland wird ihre Interessen auch weiterhin politisch, diplomatisch und juristisch schützen. Allerdings muss die Ukraine in erster Linie selbst daran interessiert sein, die Interessen dieser Menschen zu garantieren. Darin ist ein Unterpfand für die Stabilität des ukrainischen Staates und der territorialen Integrität des Landes.

Wir wollen Freundschaft mit der Ukraine, wir wollen, dass sie ein starker, souveräner und sich selbst genügender Staat ist. Für uns ist die Ukraine ja einer der wichtigsten Partner, es gibt unzählige gemeinsame Projekte, und ungeachtet aller Dinge glaube ich an ihren Erfolg. Und das wichtigste: wir wollen, dass Frieden und Einvernehmen auf ukrainischem Boden einkehren, und gemeinsam mit anderen Ländern wollen wir darin umfassende Unterstützung leisten. Doch ich wiederhole es: nur die Bürger der Ukraine selbst sind dazu in der Lage, im eigenen Haus für Ordnung zu sorgen.

Die Entschiedenheit der außenpolitischen Position Russlands beruhte auf dem Willen von Millionen von Menschen, auf einem gesamtnationalen Konsens, auf der Unterstützung der führenden politischen und gesellschaftlichen Kräfte. Ich möchte allen für diese patriotische Einstellung Dank sagen. Allen ohne Ausnahme. Doch für uns ist es jetzt wichtig, diese Konsolidierung auch weiterhin zu bewahren, um die Aufgaben anzugehen, die vor Russland stehen.

Wir werden es mit Sicherheit auch mit äußeren Gegenmanövern zu tun bekommen, doch wir müssen für uns selbst entscheiden, ob wir dazu bereit sind, unsere nationalen Interessen konsequent zu verteidigen, oder ob wir sie mehr und mehr aufgeben und uns wer weiß wohin zurückziehen. Manche westlichen Politiker schrecken uns bereits nicht nur mit Sanktionen, sondern auch mit der Perspektive einer Verschärfung der inneren Probleme. Es wäre interessant zu erfahren, was sie damit meinen: Aktivitäten einer gewissen »Fünften Kolonne« – also verschiedener »Vaterlandsverräter« – oder rechnen sie damit, dass sie die soziale und wirtschaftliche Lage Russlands verschlechtern können und damit eine Unzufriedenheit der Menschen hervorrufen? Wir betrachten solche Verlautbarungen als unverantwortlich und offen aggressiv, und werden entsprechend darauf reagieren. Dabei werden wir selbst niemals nach einer Konfrontation mit unseren Partnern – weder in Ost, noch in West – streben; ganz im Gegenteil, wir werden alles Notwendige unternehmen, um zivilisierte, gutnachbarliche Beziehungen aufzubauen, so, wie es sich in der heutigen Welt gehört.

Verehrte Kollegen!

Ich verstehe die Bewohner der Krim, die die Frage beim Referendum maximal direkt und klar formuliert haben: ob die Krim mit der Ukraine, oder mit Russland sein soll. Man kann mit Sicherheit sagen, dass die Führung der Krim und der Stadt Sewastopol und die Abgeordneten der gesetzgebenden Organe bei der Formulierung der Frage des Referendums jegliche Gruppen- und Parteieninteressen beiseitelegten und sich einzig von den wirklichen Interessen der Menschen haben leiten lassen. Eine jede beliebige andere Variante einer Volksabstimmung, wie verlockend sie auch auf den ersten Blick erschiene, wäre aufgrund historischer, demographischer, politischer und wirtschaftlicher Besonderheiten dieses Gebiets von nur zeitweiligem und unfestem Charakter; das würde zu einer weiteren Verschärfung der Lage um die Krim führen und sich auf denkbar schlechte Weise auf dem Leben der Menschen niederschlagen. Die Bewohner der Krim formulierten die Frage hart, kompromisslos und ohne jegliche Nuancen. Das Referendum verlief offen und ehrlich, und die Menschen auf der Krim haben klar und überzeugend ihren Willen bekundet: Sie wollen mit Russland sein.

Auch Russland steht es bevor, eine schwierige Entscheidung zu treffen, unter Berücksichtigung der Gesamtheit an inneren und äußeren Faktoren. Wie ist jetzt die Meinung der Menschen in Russland? Hier gibt es, wie in jeder demokratischen Gesellschaft, verschiedene Standpunkte, doch die Position der absoluten – und das möchte ich unterstreichen – der absoluten Mehrheit der Bürger ist ebenso offensichtlich.

Ungefähr 95% der russischen Bürger meinen, dass Russland die Interessen seiner Bürger auf der Krim schützen muss. Mehr als 85% sind der Meinung, dass Russland das tun müsse, selbst, wenn es dadurch zu Beeinträchtigungen der Beziehungen zu anderen Ländern kommt. Fast 92% der Russen sind für einen Anschluss der Krim an Russland. Die überwiegende Mehrheit der Einwohner auf der Krim und Russlands sind für eine Wiedervereinigung der Krim mit der Russischen Föderation.

Eine politische Entscheidung Russlands kann nur vom Willen des Volkes ausgehen, nur das Volk ist die Quelle für die Macht. Ich bringe hiermit eine Gesetzesvorlage in die Föderale Versammlung ein, die eine Aufnahme von zwei neuen Subjekten in die Russische Föderation vorsieht – der Republik Krim und der Stadt Sewastopol, und bitte um Prüfung. Ebenso bitte ich darum, den zur Unterzeichnung vorbereiteten Vertrag zum Beitritt der Republik Krim und der Stadt Sewastopol in den Bestand der Russischen Föderation zu ratifizieren. Ich zweifle nicht an Ihrer Unterstützung.

Der Westend Verlag bedankt sich beim Büro des Präsidenten der Russischen Föderation für die Abdruckrechte und bei Roman Bannack für die Abdruckerlaubnis seiner Übersetzung.
Diese wurde zitiert nach: http://www.chartophylakeion.de/blog/2014/03/18/putins-rede-zum-beitritt-der-krim/#.UyhhR4XNvlU (24.09.14).

Zwei weitere wichtige Reden Putins sind zu finden unter:

Wladimir Putin, Rede auf der Sicherheitskonferenz in München am 10. Februar 2007, http://de.ria.ru/comments_interviews/20070213/60672011.html

Wladimir Putin, Rede im Deutschen Bundestag am 25. September 2001, https://www.bundestag.de/kulturundgeschichte/geschichte/gastredner/putin/putin_wort/244966

Karl-Wilhelm Lange
Brief an Frank-Walter Steinmeier

Karl-Wilhelm Lange
Regierungspräsident. i. R.
Beethovenstr. 25
34346 Hann. Münden

28.8.2014

An den Bundesminister des Auswärtigen
Herrn Dr. Frank-Walter Steinmeier
– persönlich, bitte sofort vorlegen –
Auswärtiges Amt
11013 Berlin

Sehr geehrter, lieber Herr Dr. Steinmeier,

in der Anlage sende ich Ihnen meinen Geburtstagsbrief an I. Kobljew, den ehemaligen Direktor des Wolga-Don-Kanals. Er zählt zu meinen vielen Freunden in Wolgograd, die ich dort während meiner Arbeit als Präsident des Volksbundes deutscher Kriegsgräberfürsorge gefunden habe.

Mit ihnen verbindet mich die Erinnerung an den Weg, auf dem es uns durch unsere gemeinsame Arbeit für die Gefallenen der Schlacht um Stalingrad gelang, die in den langen Jahrzehnten des Kalten Krieges auf beiden Seiten tief verwurzelte Ideologie von Feindschaft und Haß zu überwinden durch eine von Vertrauen getragene, der Versöhnung und dem Frieden dienende deutsch-russische Zusammenarbeit.

Die in Rossoschka geschaffenen Gedenkstätten und das gute Beispiel unserer Zusammenarbeit verbreiteten diese Idee wie ein Leuchtfeuer in die anderen Regionen und Städte Rußlands, in denen sich Viele aus durchaus nachvollziehbaren eigenen leidvollen Erfahrungen gegen diese tektonische Verschiebung des politischen Denkens und Handelns noch gewehrt hatten.

Ich begrüße Ihre Bemühungen, an diesen Prinzipien unserer Politik gegenüber Rußland in den gegenwärtigen politischen Turbulenzen festzuhalten und unsere langjährige und verläßliche Zusammenarbeit zur Einhegung der Krise um die Ukraine entschlossen und klug zu nutzen.

Unübersehbar ist jedoch, daß Ihre auf dem Vorrang der Diplomatie beharrende Politik durch die Zuspitzung der Krise in die Gefahr gerät, überrollt und ausgehebelt zu werden durch die Strategie der USA und der NATO, Rußland und Putin als Alleinschuldige der Krise zur Verantwortung zu ziehen, beide zu Parias der europäischen und internationalen Politik zu machen, sie zu isolieren und sie zugleich politisch und wirtschaftlich zu destabilisieren.

Die von den USA und der NATO dabei eingesetzten Instrumente sind uns nicht nur aus den Zeiten des Kalten Krieges wohlbekannt als Kombination wirtschaftlich-finanzieller Sanktionen mit einem Szenario militärischer Optionen und einer Strategie, die die NATO unmittelbar an die Grenzen Rußlands heranführt. Nicht verläßlich verifizierbare geheimdienstliche Erkenntnisse dienen dabei stets als Anlaß, um die wirtschaftlich-militärischen Sanktionsschrauben weiter anzuziehen und um die latent vorhandene Furcht vor Rußland und seiner angeblich geplanten militärischen Invasion in die Ukraine oder in das Territorium ihrer ehemaligen Satelliten und heutigen EU-Mitglieder ins Hysterische zu steigern.

Bundeskanzler Gerhard Schröder hat in einer vergleichbaren politischen Lage im März 2003 mit seinem mutigen »Nein« gegenüber den USA zu einer Beteiligung Deutschlands an ihrer Militärintervention gegen den Irak Geschichte geschrieben. Sie haben als sein damaliger Amtschef diese Entscheidung in engster Tuchfühlung mitgestaltet.

Heute, angesichts der weiteren Steigerung des Drucks der USA und der NATO auf Rußland und unmittelbar vor Verhandlungen über die von ihnen verlangten weiterreichenden wirtschaftlich-militärischen Sanktionsbeschlüsse, bietet sich die vielleicht letzte Gelegenheit für Sie, mit der gleichen Klarheit und Eindeutigkeit wie Kanzler Gerhard Schröder im Jahre 2003, auf dem Primat Ihrer allein aussichtsreichen außenpolitische Strategie zur Einhegung und friedlichen Beilegung der Ukrainekrise zu bestehen, neue Sanktionen abzulehnen und stattdessen die Verhandlungsführerschaft für die als 1. Schritt notwendige Waffenruhe für Deutschland und die EU einzufordern.

Ich nehme an dieser Stelle statt weiterer Ausführungen inhaltlich Bezug auf den Ihnen sicher vorliegenden bemerkenswerten Beitrag »Why the Ukraine Crisis is the West's Fault.« von John J. Maersheimer in der jüngsten Ausgabe der US-Zeitschrift »Foreign Affairs«, der die Roadmap für eine friedensstiftende Verhandlungslösung darstellt und zitiere seine Schlußbemerkung:

»The US and its European allies now face a choice on Ukraine. They can continue their current policy which will exacerbate hostilities with Russia and devastate Ukraine in the process – a scenario in which everyone would come out a looser. Or they can switch gears and work to create a prosperous but neutral Ukraine, one that does not threaten Russia and allows the West to repair its relations with Moscow. With that approach, all sides would win.«

Sehen Sie dagegen von meinem Ihnen angeratenen Schritt ab, so läuft die Alternative auf der schiefen Bahn weiter verschärfter Sanktionen letztlich auf den großen Krieg in Europa hinaus, eine politisch nicht mehr beherrschbare europäische Katastrophe, deren unvorstellbare Lasten, Opfer und politische Folgen die europäischen Staaten in West und Ost allein zu tragen hätten.

Die Entscheidung über den Weg zu Frieden oder Krieg, den Deutschland als wichtigster Verbündeter der USA in Europa und als der einzige von Putin und Rußland noch willkommen geheißene ehrliche Makler jetzt zu treffen hat, liegt zu einem ganz wesentlichen Teil allein in Ihrer Hand. Ich vertraue auf Ihre politische Entschlossenheit und auf Ihren Mut, diese vermutlich letzte Chance Europas und Deutschlands zur friedlichen Einhegung des Konflikts zu nutzen.

Mit dem Ausdruck vorzüglicher Hochachtung
Ihr Karl-Wilhelm Lange

PS: Die einzige Abschrift dieses Schreibens leite ich an Gerhard Schröder weiter.

13. Karl-Wilhelm Lange: Braunschweiger Regierungspräsident i. R. und ehemaliger Präsident des Volksbundes deutscher Kriegsgräberfürsorge. (Foto: privat)

***Karl-Wilhelm Lange** (81), Braunschweiger Regierungspräsident i. R. und ehemaliger Stadtdirektor im südniedersächsischen Hann. Münden, war Präsident des Volksbundes deutscher Kriegsgräberfürsorge. Er pflegt intensive Beziehungen zu Russland, insbesondere zu den Veteranenorganisationen in Wolgograd, Rshew und Sankt Petersburg.*

Willy Wimmer
Alarmstufe »Rot«

Seit dem Versuch, die Ukraine-Krise wegen der Aufstände in Kiew durch die Außenminister Fabius, Sikorski und Steinmeier zu lösen, zieht es sich bis zu den jüngsten und angeblichen Vereinbarungen zwischen Poroschenko, Putin und Hollande wie ein roter Faden durch die kriegsgefährlich gewordene Ukraine-Krise. Es wird der nachdrückliche Beweis dafür erbracht, dass jeder europäische Lösungsversuch durch den ukrainischen Präsidenten und seine Master in Washington hintertrieben wird. Die europäischen Staaten müssen nicht erst seit den offenen Worten von Frau Nuland aus dem US-Außenministerium erkennen, wie sehr was in der Ukraine zum offenen Krieg mit Nachbarn führen wird, als »Drehbuch« in Washington und in keiner europäischen Hauptstadt liegt. Es ging in der Vorfreude für das Endspiel bei der Fußball-Weltmeisterschaft völlig unter, dass am Wochenende offenbar von ukrainischen Stellungen Ziele auf russischem Staatsgebiet unter Feuer genommen worden sind. Zufall oder nicht? Aus der Reaktion in Kiew kann jeder entnehmen, dass Vorfälle – wie die von diesem Wochenende – den dortigen Machthabern völlig egal sind. Folgen haben sie ohnehin nicht zu befürchten. Dafür sorgen andere. Nicht zuletzt der noch im Amt befindliche NATO-Generalsekretär Rasmussen. Wochenlang hat er die russische Seite aufgefordert, die eigenen Truppen von der russischen Seite der ukrainisch-russischen Grenze abzuziehen. Jetzt wissen wir auch, warum diese Aufforderung erfolgt ist.

In einer Zeit, in der sich die eine Hälfte Europas in Ferien befindet und ein weiterer Teil sich mit Fußball beschäftigte, brennt zwischen der Ukraine und Russland die Zündschnur. Von dem Massenmord auf dem Maidan-Platz in Kiew angefangen, wurde diese Lunte für etwas Größeres bewusst gelegt. Dabei spielte es für den Westen und hier vor allem für die grenzenlos willfährige »Qualitätspresse« keine Rolle, aufzuklären, wer die Menschen auf dem Platz erschossen hat, um dem Umsturz die »Krone« aufzusetzen. Bislang konnten die Opfer solcher Massaker davon ausgehen, dass der Westen um ihrer selbst willen die Täter anklagte. Heute ist gewiss, dass westliches Handeln eine Frage der Opportunität ist. Das nennt man gemeinhin »moralische Verkommenheit«. In Kiew und in der Frage, wer sich dort allgemein westlicher Unterstützung erfreut, kann sehr gut festgestellt werden, wie wenig von einer ehemals stolzen »westlichen Wertegemeinschaft« übriggeblieben ist. Die Ukraine scheint die Blaupause für weiteres Vorgehen in Europa und darüber hinaus zu werden. Das Vorgehen des ukrainischen Machthabers Poroschenko gegenüber dem Osten seines eigenen Landes und vor allem der dort lebenden Bevölkerung hat nichts mehr von dem an sich, wie Schwierigkeiten im eigenen Land beigelegt oder angegangen werden können. Das ist Krieg gegen die eigene Bevölkerung und das mit einer angeblich aus dem Boden gestampften »Nationalgarde«, die aus den faschistischen Gruppen, vor allem aus der Westukraine, geschaffen worden ist. Den Menschen in der Ostukraine wird auf diese Weise demonstriert, dass jene Kräfte zurückkehren, die in der Vergangenheit millionenfaches Leid nicht nur über diese Landstriche gebracht haben. Europa sollte sich schämen, diesen Gestalten auch nur den Schimmer eines Verständnisses zukommen zu lassen.

Das amerikanisch-Kiew-ukrainische Ziel dieses Vorgehens wird notfalls auf den offenen Krieg mit Russland aus sein, um letztlich die Ukraine als Bollwerk nicht nur gegen

Russland nutzen zu können. Sollte es gelingen, die Ukraine derart den USA dienstbar zu machen, wird es einen kompletten Riegel unter US-Kontrolle zwischen dem Baltikum über Polen und die Ukraine zum Schwarzen Meer geben. Ein amerikanisches Ziel, das auf dem NATO-Gipfel in Riga 2006 schon einmal angesteuert worden ist. Da dieser amerikanische Vorstoß am Widerstand der Europäer seinerzeit gescheitert ist, hat jetzt Washington die Daumenschrauben gegenüber den unbotmäßigen Europäern angesetzt. Dann eben Totalkontrolle über die Ukraine ohne die Europäer. Damit können gleich zwei substantielle Ziele in dramatischer Weise umgesetzt werden: Washington schmeißt Russland aus Europa hinaus und bekommt Westeuropa unter Komplett-Kontrolle. Da mag es traditionell noch so gute Wirtschaftsbeziehungen zwischen Russland und Deutschland geben. Washington dreht diesen Hahn in Zukunft ab oder Moskau kriecht zu Kreuze und liefert nicht nur das russische Erdgas und Erdöl amerikanischer Kontrolle aus, wie es zu Zeiten von *Yukos* fast gelungen wäre. Die Grenzverletzungen am Endspiel-Wochenende durch ukrainische Einheiten an der russisch/ukrainischen Grenze sind der Vorgeschmack dafür, wie hoch das »Preisschild« ausfallen dürfte.

Wir Westeuropäer sollten uns nichts vormachen. Wir werden zum »Europäer-Gebiet«, wenn noch vor der vom *Spiegel* in Aussicht gestellten Ende der Kanzlerschaft Merkel die Vereinigten Staaten uns das »Transatlantische Freihandelsabkommen« aufoktroyiert haben werden. Es sind nicht die Chlor-Hähnchen, die unser Schicksal besiegeln werden. Das werden die Schiedsgerichte im Interesse der US-Anwaltsfabriken sein, die den Resten der parlamentarischen Demokratie in unseren Staaten den Garaus machen werden. Man mag sich gar nicht mehr daran erinnern, dass Willy Brandt Deutschland einmal mehr Demokratie in Aussicht stellte. Seit Jahren werden wir von »oben nach unten« regiert und die eigenen deutschen Entscheidungsmöglichkeiten sind im Moloch Brüsseler Lobbyinteressen verschwunden. Das, was vom europäischen demokratischen System noch übrig geblieben ist, soll jetzt dem Überfall amerikanischer Schiedsgerichte zur Aushebelung unserer Regierungen und Parlamente standhalten? Daran zu denken bedeutet, die Hoffnungslosigkeit zum politischen Grundmuster zu machen.

Nach dem von den Streitkräften in Auslandseinsätzen gefürchteten »friendly fire«, bei dem man Opfer der eigenen Waffenwirkung wird, kommt jetzt offenbar das System der »friendly occupation« zur Vollendung der genannten Ziele. Es gibt wohl kaum eine Hauptstadt, die den USA gegenüber so offen ist, wie man das für Berlin sagen kann. Andererseits nehmen bei kaum noch vorhandenen administrativer und politischer Gestaltungskraft in der deutschen Hauptstadt »councils für dit und dat« im US-Interesse sich die noch vorhandenen Entscheidungsträger »vor die Brust«. Amerikanisches Gedankengut und Einfluss, wohin man auch den Blick schweifen lässt. Berlin gibt den Amerikanern jedes Papier und jedes Dokument, das von amerikanischem Interesse ist, doch schon freiwillig raus. Wozu dann noch Spionage und das auch noch von Wien aus. Wenn man schon den Hals nicht vollkriegen kann, was bleibt dann noch übrig? Die Frage hat vor wenigen Tagen und überaus öffentlich der Präsident des BDI, Herr Grillo, angesprochen. Zutreffend und ziemlich spät wies Herr Grillo darauf hin, mit welch gefüllten »Kriegskassen« amerikanische Globalkonzerne in Europa nach dem Muster *Alstrom* in Frankreich auf Einkaufstour gehen. Nachdem man für seine Erlöse – aus den vom britischen Premierminister bekannt gemachten Gründen – schon kaum Steuern bezahlt, sticht man jeden europäischen Mitbewerber durch amerikanische Angebote aus und reißt sich von der deutschen und europäischen Industrie noch das unter den Nagel, was noch nicht im Bestand der USA ist.

Veröffentlicht am 14. Juli 2014; zit. n.: http://www.nachdenkseiten.de/?p=22379

Willy Wimmer *(71) gehörte 33 Jahre dem Deutschen Bundestag an. Von 1985 bis 1992 war er verteidigungspolitischer Sprecher der CDU/CSU, anschließend Parlamentarischer Staatssekretär beim Bundesminister der Verteidigung. Er spielte eine bedeutende Rolle bei der deutschen Vereinigung und der Integration von Teilen der Nationalen Volksarmee der DDR in die westdeutsche Bundeswehr. 1999 wandte er sich gegen eine deutsche Beteiligung am Jugoslawien-Krieg. Von 1994 bis 2000 war Wimmer Vizepräsident der Parlamentarischen Versammlung der Organisation für Sicherheit und Zusammenarbeit in Europa (OSZE).*

Nachtrag 2015

Gelenkte Politik und Meinungsmache

Offensichtlich können Kritiker, die sich gegen Kriegsvorbereitungen und die Erosion demokratischer Verhältnisse wenden, über die Ukraine-Krise, Aggressionen der westlichen Allianz gegen Russland, Spionagetätigkeit der NSA, über Lügen von Politikern oder falsche Medienberichterstattung schreiben, was sie wollen – es hat kaum Auswirkungen. Edward Snowden, Julian Assange und Chelsea (Bradley) Manning können aussagen und beweisen, was sie wollen – alles bleibt, wie es war: Verschleierung, Lügen, Hetze, Provokationen, Kriegsgefahr, regionale Krisen und Kriege.

Natürlich war es unmöglich, Snowden, Assange und Manning völlig zu verschweigen. Aber das Interesse der Medien hielt sich in engen Grenzen, nachdem sich die erste Empörung gelegt hatte. Und die meisten Politiker waren und sind den Whistleblowern nicht gerade positiv gesonnen, weil sie – abgesehen vom Geheimnisverrat – gegen die US-amerikanische Staatsräson verstoßen haben und weil die US-Regierung wie auch deren Geheimdienste erpresserischen Druck auf jeden ausüben, der ihnen nicht zu Diensten ist.

Überdies paktieren nicht wenige führende Politiker souveräner Staaten und Journalisten ohnehin mit Staatsorganen der USA. Das ist unglaublich, wurde jedoch schon mehr als ein Mal publik, zum Beispiel als im Juli 2013 mehrere europäische Staaten einem aus Moskau kommenden Flugzeug auf Veranlassung der USA die Überflugrechte verweigerten. Es handelte sich um die Maschine eines Staatsoberhauptes, nämlich des bolivianischen Präsidenten Evo Morales, die zu einer Landung in Wien gezwungen und kontrolliert wurde, weil die US-Regierung Edward Snowden an Bord vermutete – ein eklatanter Verstoß gegen internationales Recht.[157] Aber ein Aufschrei in der internationalen Öffentlichkeit, geschweige denn in der Politik, blieb aus.

Man kann gar nicht so viel Verschwörungsphantasie haben, wie die kriminellen Verschwörer der Geheimdienste und deren Agenturen an Verschwörungen realisieren. Doch das alles bleibt im Dunkeln, weil viele einflussreiche Politiker und Journalisten Organisationen und Think Tanks nahestehen oder angehören, die etwa vom US-Außenministerium, der CIA oder sonstigen interessierten Vereinigungen und Konzernen initiiert und finanziert werden – im Ergebnis werden diese Verbrechen verschwiegen oder gar billigend in Kauf genommen.[158]

Inzwischen kann es auch als erwiesen gelten, dass die Ukraine-Krise durch die USA und die EU inszeniert wurde, um weiterhin gegen Russland vorgehen zu können. Zu Recht warf der ehemalige Staatspräsident der Sowjetunion, Michail Gorbatschow, den USA und der NATO vor, die europäische Sicherheitsstruktur durch die Erweiterung des westlichen Verteidigungsbündnisses zerstört zu haben. In einem Gespräch mit dem *Spiegel* warnte er vor einem »großen Krieg« in Europa, der »heute wohl unweigerlich in einen Atomkrieg münden« würde.[159]

---

[157] *fab/kgp/AFP/dpa/Reuters*: Evo Morales: Präsidentenjet verlässt Wien nach Zwölf-Stunden-Stopp, 3.7.2013, zit. n. http://www.spiegel.de/politik/ausland/morales-flugzeug-in-wien-gestoppt-snowden-nicht-an-bord-a-909146.html (18.7.2015).

[158] Siehe dazu u.a. die Untersuchungen der Wissenschaftler Uwe Krüger (»Meinungsmacht«) und Daniele Ganser (»Nato-Geheimarmeen in Europa«) a.a.O.

[159] Michail Gorbatschow, zit. n.: *Spiegel Online*, Gorbatschow über Ost-West-Beziehungen: »Der Vertrauensverlust ist katastrophal«, 11.1.2015, http://www.spiegel.de/politik/ausland/gorbatschow-warnt-vor-grossem-krieg-in-europa-a-1012201.html (18.7.2015).

»Wenn angesichts dieser angeheizten Stimmung einer die Nerven verliert«, sagte Gorbatschow, »werden wir die nächsten Jahre nicht überleben.«[160] Die deutsche Ostpolitik verurteilte er mit den Worten: »Deutschland hat im Zweiten Weltkrieg schon einmal versucht, seinen Machtbereich nach Osten zu erweitern. Welche Lektion braucht es noch?«[161] Und dem US-Präsidenten Obama, der Russland in einem Atemzug mit der Ebola-Epidemie als Gefahr bezeichnet hatte, entgegnete er: »Es gibt heute eine große Seuche – und das sind die USA und ihr Führungsanspruch.«[162]

In der Tat zeichnet sich mehr und mehr die Strategie der westlichen Allianz unter Führung der USA ab, Russland als Machtfaktor in der internationalen Politik auszuschalten und durch Wirtschaftssanktionen, Beeinflussung der Kapital- und Energiemärkte sowie durch die aufgebürdeten Nachrüstungskosten zu ruinieren. Ganz offensichtlich ist es das Ziel, Osteuropa einschließlich Russland den westlichen Kapitalinteressen aufzuschließen und den imperialen Zielen der USA unterzuordnen. Wer sich nicht beugt, wird bekanntlich entweder bombardiert oder ruiniert.

Antiamerikanismus? – Nein, es gibt keine kollektive Identität! Nicht Ideologie, sondern die reine Not zwingt zum Protest. Und mit dem Mut der Verzweiflung wenden sich immer mehr Menschen gegen die Zerstörung von Ländern durch die USA, gegen Kriegshetze, Militarisie-

---

[160] Michail Gorbatschow, a.a.O.
[161] Michail Gorbatschow, a.a.O.
[162] Michail Gorbatschow, zit. n.: *Deutsche Wirtschafts Nachrichten*, Gorbatschow: »Die Welt steht am Abgrund eines großen Unglücks«, 6.10.2014, http://deutsche-wirtschafts-nachrichten.de/2014/10/06/gorbatschow-die-welt-steht-am-abgrund-eines-grossen-ungluecks/ (18.7.2015).

rung und Aufrüstung, gegen Totalüberwachung durch die NSA, Drohnenmorde, Folter, Mediennetzwerke zur Indoktrinierung ganzer Bevölkerungen und so weiter. Antiamerikanismus ist ein vom CIA geprägter Kampfbegriff, ebenso wie zum Beispiel »Verschwörungstheoretiker« oder die Totalitarismus-Theorie (Rechts = Links) oder seit neuestem »Putinversteher«, »Querfrontler« und »moskauhörig«.

Der polnisch-US-amerikanische Politikwissenschaftler und Regierungsberater Zbigniew Brzezinski, der 1997 in seinem Buch *Die einzige Weltmacht* die geopolitische Strategie der USA nach dem Untergang der Sowjetunion entwickelt hat, schrieb seinerzeit:

»Inwieweit die USA ihre globale Vormachtstellung geltend machen können, hängt aber davon ab, wie ein weltweit engagiertes Amerika mit den komplexen Machtverhältnissen auf dem eurasischen Kontinent fertig wird – und ob es dort das Aufkommen einer dominierenden, gegnerischen Macht verhindern kann.«[163]

Für die einzige Supermacht USA sei – so Brzezinski – Eurasien »das Schachbrett, auf dem sich auch in Zukunft der Kampf um die globale Vorherrschaft abspielen wird«.[164] In diesem Kontext ist auch die Äußerung Henry Kissingers am 2. Februar 2014 in einem CNN-Interview zu sehen, wonach der Regime Change in Kiew sozusagen die Generalprobe für das sei, »was wir in Moskau tun möchten«.[165]

Die USA haben es geschafft, Europa wieder zu spalten, die über Jahre hinweg sich verbessernden Handelsbezie-

---

[163] Zbigniew Brzezinski, *Die einzige Weltmacht*, 7. Aufl., 320 S., Fischer, Frankfurt am Main 2003, S. 15.

[164] Zbigniew Brzezinski, a.a.O. S. 16.

[165] Henry Kissinger, zit. n.: Anneliese Fikentscher und Andreas Neumann, Kiew: Generalprobe für Moskau, http://www.nrhz.de/flyer/beitrag.php?id=20079 (26.02.14). Siehe auch: Henry Kissinger, https://www.youtube.com/watch?v=yo5_ct7R6Ng (17.8.2015).

Zbigniew Brzeziński auf der Münchner Sicherheitskonferenz 2014. (Foto: Kleinschmidt / MSC)

hungen zwischen Russland und Deutschland zu unterbrechen und eine akute Kriegsgefahr in Europa heraufzubeschwören. Das alles hat Methode, wie der Rede eines der Bellizisten der Republikaner, George Friedman, zu entnehmen ist. Er ist Direktor des US-Think Tanks Stratfor (Strategic Forecasting Inc.) und sagte am 4. Februar 2015 am Chicago Council on Global Affairs: Ziel der US-Politik seit einem Jahrhundert sei gewesen, ein Bündnis zwischen Russland und Deutschland zu verhindern. In Übersetzung: »Das Hauptinteresse der US-Außenpolitik während des letzten Jahrhunderts, im Ersten und Zweiten Weltkrieg und im Kalten Krieg, waren die Beziehungen zwischen Deutschland und Russland. Weil sie vereint die einzige Macht sind, die uns bedrohen kann. Unser Hauptziel war sicherzustellen, dass dieser Fall nicht eintritt.«[166]

---

[166] George Friedman, zit. n.: https://www.youtube.com/watch?v=vln_ApfoFgw (17.03.15).

Und Friedman nochmals: »Für die Vereinigten Staaten ist die Hauptsorge, dass ... deutsches Kapital und deutsche Technologie sich mit russischen Rohstoff-Ressourcen und russischer Arbeitskraft zu einer einzigartigen Kombination verbinden, was die USA seit einem Jahrhundert zu verhindern suchen. Also wie kann man das erreichen, dass diese deutsch-russische Kombination verhindert wird? Die USA ist bereit, mit ihrer Karte diese Kombination zu schlagen: Das ist die Linie zwischen dem Baltikum und dem Schwarzen Meer. ... Der Punkt bei der ganzen Sache ist, dass die USA ein ›Cordon Sanitaire‹, einen Sicherheitsgürtel um Russland herum aufbauen.«[167] Weiter stellt Friedman fest: »Die Vereinigten Staaten kontrollieren aus ihrem fundamentalen Interesse alle Ozeane der Welt. Keine andere Macht hat das jemals getan. Aus diesem Grund intervenieren wir weltweit bei den Völkern, aber sie können uns nicht angreifen. Das ist eine schöne Sache.«[168]

Wenn wir diese Hybris, wie auch die Aussagen von Brzezinski und Kissinger zur Kenntnis nehmen, brauchen wir uns über nichts mehr zu wundern. Die amtierenden Politiker Europas machen das mit, unterstützt von den Leitmedien. In diesem Zusammenhang identifiziert der niederländische Publizist und Politikwissenschaftler Karel van Wolferen den Atlantizismus als einen »europäischen Glauben« und als »Kind des Kalten Krieges«, der es Washington ermöglicht, »unerhörte Dinge« zu tun, ohne deswegen gemaßregelt oder womöglich in Frage gestellt zu werden.[169] Aber natürlich spielt bei alldem der sogenannte militärisch-industrielle Komplex eine ausschlagge-

---

[167] George Friedman, a.a.O.
[168] George Friedman, a.a.O.
[169] Karel van Wolferen, a.a.O.

bende Rolle, denn letztlich geht es um Kapitalinteressen und die globale militärische Vorherrschaft.[170]

Wladimir Putin, Barack Obama und Joe Biden

Sachliche Argumente des russischen Präsidenten zur Beilegung der Konfrontation wurden und werden abgewiegelt oder gar nicht erst zur Kenntnis genommen. In seiner außerordentlich klugen, auf Verständigung ausgerichteten Rede vom 24.Oktober 2014 auf der Waldai-Konferenz in Sotschi[171] sprach Wladimir Putin zum wiederholten Mal über die »Notwendigkeit der Heranbildung eines einheitlichen Raumes der wirtschaftlichen und humanitären Zusammenarbeit vom Atlantik bis zum Stillen Ozean«. Der logische Weg – so Putin – »wäre der einer Kooperation von Ländern und Gesellschaften und die Suche nach gemeinsamen Antworten auf vermehrt auftretende Fragen, ein gemeinsames Risikomanagement«. Stattdessen gebe es »Versuche, die Welt zu zerschlagen, Trennlinien zu ziehen« und erneut »ein Feindbild zu schaffen wie in Zeiten des Kalten Krieges und damit das Recht auf die Führungsrolle oder, wenn Sie so wollen, das Diktat zu erlangen«.

Des Weiteren sagte er: »Unter den Bedingungen der Dominanz einer Seite und ihrer Alliierten, oder anders gesagt, ihrer Satelliten, geriet die Suche nach globalen Lösungen oftmals zu einem Streben, die eigenen Lösungen als universell auszugeben. Die Ambitionen dieser Gruppe

---

[170] Vgl. dazu: Mathias Bröckers und Paul Schreyer, *Wir sind die Guten*, 1. Aufl., 207 S., Westend, Frankfurt am Main 2014, S. 41 ff.

[171] Wladimir Putin, sog. Waldai-Rede, zit. n.: nachdenkseiten.de, http://www.nachdenkseiten.de/upload/pdf/141107_Rede_Putin_Diskussionsclub_Waldai_deutsch.pdf (7.11.2014).

haben sich derart gesteigert, dass die in ihren Kreisen herausgearbeiteten Herangehensweisen als Meinung der gesamten Weltöffentlichkeit präsentiert wurden. Aber das ist nicht so.«

Putin bekräftigte die russische Ansicht, dass die Art und Weise, wie die USA ihre Führungsrolle ausüben und sich »in alle Angelegenheiten dieser Welt« einmischen, nicht »Ruhe, Wohlergehen, Fortschritt, Gedeihen und Demokratie« brächten, sondern »anstelle von souveränen, stabilen Staaten einen wachsenden Bereich des Chaos, anstelle von Demokratie die Unterstützung von höchst zweifelhaften Strömungen«. Er trat ebenfalls der Behauptung entgegen, »Russland sei bestrebt, irgendein Imperium wiederzuerrichten«; das entbehre jeder Grundlage, Russland verlange »nicht nach einem besonderen, außerordentlichen Platz in der Welt«, erwarte aber, dass man seine Interessen berücksichtige und seine Position achte. Über diese Rede ist in unseren sogenannten Qualitätsmedien kaum berichtet worden.

Wladimir Putin auf der Waldai-Konferenz in Sotschi (Foto: www.kremlin.ru)

Stellt man der Rede Putins die von Barack Obama vor der UN-Vollversammlung am 24. September 2014 gegenüber,[172] werden die unterschiedlichen Positionen schlagartig deutlich. Obama behauptete, Russland stelle die Ordnung der Nachkriegszeit infrage, während für die USA Recht vor Macht gehe und die Überzeugung vorherrsche, »dass größere Nationen nicht die Möglichkeit haben sollten, kleinere zu gängeln, und dass die Menschen die Möglichkeit haben sollten, ihre Zukunft selber zu gestalten«.

Obama rief andere Völker auf, sich mit den USA »auf die richtige Seite der Geschichte zu stellen«, er sei entschlossen, »die Stärke der Vereinigten Staaten einzubringen, um mit allen Ländern zusammenzuarbeiten«. Weiter erklärte Obama: »Wir werden Russland die Kosten für sein aggressives Vorgehen aufbürden und Lügen die Wahrheit entgegensetzen.« Scheinheiliges Pathos auch gegen Ende dieser bemerkenswert aufschlussreichen Rede: »Wir sind die Erben eines stolzen Vermächtnisses der Freiheit, und wir sind bereit zu tun, was nötig ist, um dieses Vermächtnis für kommende Generationen zu sichern.«

Seitens der westlichen Politiker und Medien gab es viel Beifall für diese Worthülsen, Verschleierungen und Lügen. Der renommierte US-amerikanische Soziologe Norman Birnbaum vertritt zwar die Ansicht, Obama sei ein »Gefangener des Imperiums«, in gewisser Weise jedoch ein »widerwilliger (und zunehmend müder) Gefangener«,[173] was bedeuten würde, dass in Wirklichkeit die neokonservativen und rechtsextremistischen Kräfte die belli-

---

[172] Barack Obama, US-Präsident Obama spricht vor der Vollversammlung der Vereinten Nationen, zit. n.: AG Friedensforschung, http://www.ag-friedensforschung.de/themen/UNO1/gv2014-obama.html (7.11.2014).

[173] Norman Birnbaum, a.a.O.

zistische Politik der USA bestimmen. Aber diese Politik hat Kontinuität nicht erst seit gestern.

Schon die berühmten amerikanischen Schriftsteller James Fenimore Cooper (1789–1851) und Herman Melville (1819–1891) kritisierten in ihren Werken die Gier und Rücksichtslosigkeit ihrer Landsleute. Sie bezahlten dafür mit Boykott und Isolation. Coopers Werke wurden in seiner Heimatstadt Cooperstown, die sein Vater gegründet hatte, öffentlich verbrannt; Melville musste später seinen Lebensunterhalt als Zollinspektor im New Yorker Hafen verdienen, nachdem niemand mehr seine Bücher kaufen wollte. Das »Imperium« strafte sie ab.

Nicht übersehen werden darf, dass die US-amerikanische Gesellschaft in weiten Teilen und bis in den Kongress hinein religiös-fundamentalistisch fanatisiert ist. Bis in die Gegenwart ist hier die Wahlverwandtschaft zwischen Puritanismus und Kapitalismus, eine »ökonomische Prädestinationslehre« (wen Gott liebt, den lässt er reich werden) tief verwurzelt. Darüber hinaus sind viele der Hardliner offensichtlich der Ansicht, dass alles, was den USA nützt, letztlich der ganzen Welt zugutekommt, woraus sich ihr Anspruch auf globale Vorherrschaft ergibt. Bereits 1904 ermächtigte Präsident Theodore Roosevelt (1858–1919, Präsident 1901-09) die USA pauschal zur Ausübung einer »internationalen Polizeigewalt«, in erster Linie damals gegenüber den schwächeren Ländern Mittel- und Südamerikas.

Nichts anderes führt Präsident Obama rigoros unter Missachtung der Regeln des internationalen Rechts weltweit fort. In seiner Rede vor der US-Militärakademie Westpoint am 28. Mai 2014 sagte er unter anderem: »Von Europa bis Asien sind wir der Dreh- und Angelpunkt aller Allianzen, unübertroffen in der Geschichte der Nationen … So sind und bleiben die Vereinigten Staaten die einzige unverzichtbare Nation [›the one indispensable nation‹]. Dies ist für das vergangene Jahrhundert wahr gewesen und das wird für das nächste Jahrhundert gelten.«[174] Unter diesem Aspekt ist Obama offensichtlich kein »Gefangener des Imperiums«, wie Norman Birnbaum meint, denn im Kern stimmt diese Aussage mit der von George Friedman überein. Und Friedman hat unverblümt nur das ausgesprochen, was seit jeher die Politik der US-Regierung bestimmt.

Besonders aufschlussreich sind die Äußerungen des US-Vizepräsidenten Joe Biden vom 2. Oktober 2014 zu den Wirtschaftssanktionen gegen Russland. An der Harvard Kennedy School in Cambridge/Massachusetts renommierte er: »Wir haben Putin vor die einfache Wahl gestellt: Respektieren Sie die Souveränität der Ukraine oder Sie werden sich zunehmenden Konsequenzen gegenübersehen. Dadurch waren wir in der Lage, die größten entwickelten Staaten der Welt dazu zu bringen, Russland echte Kosten aufzuerlegen. Es ist wahr, dass sie [die EU] das nicht tun wollten. Aber wiederum war es die Führungsrolle Amerikas und die Tatsache, dass der Präsident der Vereinigten Staaten darauf bestanden hat, ja, Europa des Öfteren in Verlegenheit bringen musste, um es dazu zu zwingen, sich aufzuraffen und wirtschaftliche Nachteile einzustecken, um Kosten [für Russland] verursachen zu können. Und die Folgen waren eine massive Kapitalflucht aus Russland, ein regelrechtes Einfrieren von

[174] Barack Obama, Remarks by the President at the United States Military Academy Commencement Ceremony, 28.5.2014, https://www.whitehouse.gov/the-press-office/2014/05/28/remarks-president-united-states-military-academy-commencement-ceremony (8.9.2015).

ausländischen Direktinvestitionen, der Rubel auf einem historischen Tiefststand gegenüber dem Dollar, und die russische Wirtschaft an der Kippe zu einer Rezession.«[175]

Immerhin wird deutlich, dass es in der EU Widerstand gegen die Sanktionspolitik der US-Regierung gab. Zugleich aber offenbart sich, wie intensiv und rücksichtslos die USA Einfluss auf die Politik Europas nehmen. Denn Biden gibt zu, dass die Einflussnahme in diesem Fall für die westeuropäischen Staaten schädigend ist. Er brüstet sich sogar damit, was den Ausspruch »Fuck the EU!« der Europa-Beauftragten der US-Regierung, Victoria Nuland, vom Februar 2014 bestätigt und die Vermutung bestärkt, dass den USA nicht an einem wirtschaftlich prosperierenden friedlichen Europa gelegen ist.

Demagogie

Am 17. Februar 2015 lief im *ZDF* zur besten Sendezeit ein Film über den russischen Präsidenten: »ZDFzeit: Mensch Putin!«[176] Vorgeführt wurde ein KGB-Mann mit stechenden Augen, »machtbesessen und zu jedem Risiko bereit«, ein geschiedener, hinterhältiger Taktiker, unberechenbar, mal in Uniform, mal mit nackter Brust. Putin, der »Triumphator«, der nur eins fürchtet, »seine Entmachtung und Ermordung«. Die Sowjetunion wolle er reanimieren, so war zu erfahren, als KGB-Offizier in Dresden habe er seinen »KGB-Schlüsselbund« verloren

---

175 Joe Biden, Zeitdokument: Wir zwangen die EU zu Sanktionen gegen Russland, zit. n.: https://www.youtube.com/watch?v=JLO7uKVarB8 (5.1.2015).

176 Michael Renz, Mensch Putin!, *ZDFzeit*, 17.02.2015, http://www.zdf.de/ZDFmediathek#/beitrag/video/2341864/Mensch-Putin! (29.05.2015).

und wahrscheinlich sei er für einen tschetschenischen Terrorakt in Moskau verantwortlich. 45 Minuten Unterstellungen, Vermutungen, Albernheiten und Häme, angekündigt als Dokumentation.

Wieder einmal wurde dem geneigten Fernsehpublikum eines dieser gehässigen Bilder Wladimir Putins geboten, weitab von einer auch nur halbwegs sachlich-informativen Berichterstattung. Aber solche Schäbigkeiten finden sich fast täglich in unseren Presseerzeugnissen und in zahlreichen anderen Fernsehsendungen, sogar in dem viel gesehenen *ZDF heute-journal*. Moderiert von Claus Kleber wurde uns beispielsweise am 9. Februar 2015 zuerst ein brennendes Haus in Donezk gezeigt, dann eine weinende Frau und verzweifelte Menschen vor den Trümmern ihrer Existenz, danach rollte ein Panzer der Separatisten ins Bild, wodurch suggeriert wurde, dass sie ihre eigenen Häuser zerstörten, ihre Städte in Grund und Boden bombten.[177] Anschließend ging es um Waffenlieferungen der USA an die Kiewer Ukraine. Eine der vielen üblichen Manipulationen.

Auch in der *ARD* läuft derartige Propaganda. Dort berichtet, zusätzlich kommentiert von dem offensichtlich befangenen Moderator Thomas Roth, des Öfteren die voreingenommene Korrespondentin Golineh Atai über die Ukraine-Krise und den angeblichen Aggressor Russland.[178] Die Journalistin, deren tendenziöse Berichterstattung von zahlreichen Zuschauern kritisiert worden ist,

---

[177] *ZDF heute-journal*, 09.02.2015, http://www.zdf.de/ZDFmediathek/beitrag/video/2339326/ZDF-heute-journal-vom-09.-Februar-2015#/beitrag/video/2339326/ZDF-heute-journal-vom-09.-Februar-2015 (10.02.15).

[178] Ulrich Gellermann, Virtuelle Realität. Die Ukraine-Berichterstattung von *ARD* und *ZDF*, junge Welt, 19.07.2014, http://www.jungewelt.de/2014/07-19/002.php (24.09.2014).

wurde von der Branchenzeitschrift *medium magazin* für »herausragende Berichterstattung« über die Ukraine-Krise als Journalistin des Jahres 2014 ausgezeichnet.[179] Im Oktober 2014 erhielt sie dann noch den Hanns-Joachim-Friedrichs-Preis für ihre »Tugend der persönlichen Zurückhaltung, der akribischen Ernsthaftigkeit und des unbedingten Willens zur Aufklärung«.[180] Einer der vielen Skandale!

Der Kiewer Bürgermeister und ehemalige Boxer Vitali Klitschko, der bereits im September 2014 mit dem fragwürdigen »M 100 Media Award« ausgezeichnet wurde, erhielt am 23. April noch den von der Stadt Köln verliehenen Konrad-Adenauer-Preis für sein »beispielloses Engagement für Frieden und Demokratie in der Ukraine«.[181] Es ist unfassbar, was sich Vertreter der Medien und Politiker leisten. Klitschko und Atai, Roth und Kleber und wie sie alle heißen: die Leuchttürme unserer Demokratie, Meinungsfreiheit und Medienberichterstattung?

Kein Wort zu den jahrelangen Umsturzbemühungen westlicher Geheimdienste, Regierungsstellen und NGOs, obwohl deren subversive Tätigkeit erwiesen ist.[182] Die Schuld an dem Ukraine-Konflikt wird ausschließlich Russland, namentlich dessen Staatspräsident Wladimir

---

179 *Medium:online*, Die »Journalistin des Jahres« 2014: Golineh Atai, *WDR/ARD*, http://www.mediummagazin.de/aktuelles/die-journalistin-des-jahres-2014-golineh-atai-wdrard/ (23.7.2015).

180 Hanns-Joachim-Friedrichs-Preis, Pressemitteilung 2014, http://www.hanns-joachim-friedrichs.de/index.php/pressemitteilung-2014.html (23.7.2015).

181 Stadt Köln, Konrad-Adenauer-Preis 2015 geht an Vitali Klitschko, 9.12.2015, http://www.stadt-koeln.de/politik-und-verwaltung/presse/konrad-adenauer-preis-2015-geht-vitali-klitschko (23.7.2015).

182 Dazu: Matthias Rude, Die gekaufte Revolution. In: Ronald Thoden und Sabine Schiffer (Hrsg.): Ukraine im Visier, Selbrund Verlag, Frankfurt am Main 2014, S. 108-120.

Putin angelastet. In Talkshows dürfen Politiker – zumeist widerspruchslos – ihre diffamatorischen Ansichten über den russischen Präsidenten verbreiten, zum Beispiel ein ehemaliger Grünen-Parlamentarier namens Werner Schulz: »Putin ist skrupellos. Putin ist eiskalt. Er ist ein Verbrecher … Er ist ein Kriegstreiber und scheut vor nichts zurück … Er ist einer, der erst aufgibt, wenn er merkt, dass er unterlegen ist. Aber da muss er schon am Boden liegen. Er hat sich in den Sankt Petersburger Hinterhöfen als Beißer durchgesetzt. Solche Leute geben nicht so schnell auf. Man muss darauf eingestellt sein, dass er bis zum Äußersten geht.«[183]

Es fragt sich, was mit dieser extensiven Feindpropaganda bezweckt wird. Soll die deutsche Bevölkerung wirklich auf einen »großen Krieg« in Europa vorbereitet werden? Gehetzt wird ständig gegen den bösartigen, gefährlichen Aggressor Russland in der Person Putins, obwohl es als erwiesen gelten kann, dass die Ukraine-Krise vom Westen verursacht worden ist. Dennoch sprach Bundeskanzlerin Angela Merkel am 10. Mai 2015 anlässlich der Gedenkfeier zum Ende des Zweiten Weltkriegs, noch dazu in Moskau im Beisein des russischen Präsidenten, von einer »verbrecherischen Annexion der Krim durch Russland«[184] – eine beispiellose Provokation.

Immer wieder wird zur Rechtfertigung der Sanktionen und Aggressionen gegen Russland auf die angebliche An-

---

[183] Werner Schulz, zit. n.: Ewald König, EurActiv, EU muss Putin 100 Nadelstiche verpassen, 06.03.2014, http://www.euractiv.de/ukraine-und-eu/artikel/eu-muss-putin-100-nadelstiche-verpassen-008615 (21.03.2014).

[184] Angela Merkel, zit. n. *Focus Online*: Zwingt Putin Merkel hier zu ihrem schwierigsten Handschlag?, 11.5.2015, http://www.focus.de/politik/deutschland/streit-um-die-ukraine-zwingt-putin-merkel-hier-zu-ihrem-schwierigsten-handschlag_id_4674136.html (16.5.2015).

nexion der Krim verwiesen, die jedoch bei genauerem Hinsehen eine Sezession war – ein gravierender Unterschied. Denn es gab keine gewaltsame Aneignung der Autonomen Republik Krim durch Russland, sondern eine Erklärung der staatlichen Unabhängigkeit nach freien Wahlen und Beitritt zur Russischen Föderation, wie der Hamburger Jurist Reinhard Merkel – immerhin in der *Frankfurter Allgemeinen Zeitung* – in höchst differenzierter nachvollziehbarer Weise darlegt.[185] Der Publizist und ehemalige Diplomat Ralph Hartmann liefert eine ebenso bestechende Analyse des Geschehens in der Zeitschrift *Ossietzky*.[186]

Aber die Hintergründe des Ukraine-Konflikts werden im Dunkeln gelassen; wie auch der Putsch in Kiew, die Morde auf dem Maidan-Platz und in Odessa oder der Abschuss des malaysischen Passagierflugzeugs MH 17 über der Ostukraine nicht aufgeklärt werden. Nach wie vor heißt es in den westlichen Medien, die Separatisten oder auch Russland hätten das Flugzeug abgeschossen. Die Schuld dafür wird Wladimir Putin angelastet. Kritische Fragen zu den unterdrückten Informationen der US-Satellitenüberwachung, der ukrainischen Flugsicherung und der bis dato fehlenden Auswertung der Blackbox finden sich fast ausschließlich in alternativen Medien.

Ebenso wenig wird thematisiert, dass sich in der Westukraine seit Langem US-amerikanische Militärberater befinden und in der Ostukraine proamerikanische Mörderbanden und nationalistische Freiwilligenbataillone Krieg

---

185 So auch Reinhard Merkel, Kühle Ironie der Geschichte, *FAZ*, 7.4.2014, http://www.faz.net/aktuell/feuilleton/debatten/die-krim-und-das-voelkerrecht-kuehle-ironie-der-geschichte-12884464.html (7.4.2014).

186 Ralph Hartmann, Erst denk's, dann sag's, *Ossietzky*, 4.7.2016, http://www.ossietzky.net/14-2015&textfile=3150 (21.7.2015).

gegen die dortige Bevölkerung führen und jeden Waffenstillstand verhindern.[187] Einer immer skeptischer werdenden Öffentlichkeit wird die Propaganda, die zum Teil in Kriegshetze ausartet, als objektiv und die Aggressionspolitik des Westens als notwendig zum Schutze einer »westlichen Wertegemeinschaft« verkauft – einer Gemeinschaft, die es schon lange nicht mehr gibt, soweit es sie jemals gegeben hat.

Kritiker dieser unverantwortlichen Berichterstattung verfallen einer dreisten Gegenpropaganda; sie werden diffamiert und sind von Existenzentziehung bedroht. Auf der Münchner Sicherheitskonferenz warnte Bundeskanzlerin Angela Merkel vor »Russlands Vorsprung im Informationskrieg« und vor »Missinformation, Infiltrierung und Verunsicherung«, womit es sich »auseinanderzusetzen« gelte.[188] In der *FAZ* ortete man die Missinformanten, Infiltrierer und Verunsicherer unter den Bloggern und in Webseiten, die damit beschäftigt seien, »Moskaus Sicht der Dinge in die Welt zu tragen«.[189]

Die Umkehrung der Fakten und eine ständige Wiederholung der verlogenen Propaganda zeigen Wirkung, denn große Teile der westeuropäischen Bevölkerung sind mittlerweile soweit indoktriniert, dass sie Russland tatsächlich für einen gefährlichen und kriegstreiberischen Aggressor halten, den es zu bekämpfen gilt.

---

[187] Reuters, Einsatz gegen Separatisten: Ukrainische Armee bekommt offenbar Unterstützung von US-Söldnern, zit. n.: http://www.spiegel.de/politik/ausland/ukraine-krise-400-us-soeldner-von-academi-kaempfen-gegen-separatisten-a-968745.html (23.09.14).

[188] Angela Merkel, zit. n.: Mathias Müller von Blumencron, Sicherheitskonferenz. Der ungleiche Kampf um die Deutungshoheit, *FAZ*, 8.2.2015, http://www.faz.net/aktuell/politik/sicherheitskon ferenz/der-ungleiche-kampf-um-die-deutungshoheit-13417093.html (8.2.2015).

[189] Mathias Müller von Blumencron, ebd.

Rechtsextremismus, Korruption und Mord

Wir lesen, sehen und hören, die neue Kiewer Regierung sei frei gewählt worden und demokratisch legitimiert, der Staatspräsident Petro Poroschenko sei im Gegensatz zu seinem Vorgänger Viktor Janukowitsch ein Ehrenmann, ebenso wie der Ministerpräsident Arsenij Jazenjuk, und im Parlament der Ukraine gebe es keine Rechtsextremisten, erst recht keine Faschisten.

In der Tat sind am 26. Oktober 2014 keine faschistischen Parteien in die Kiewer Werchowna Rada gewählt worden, aber Faschisten sind über andere Parteien und Direktmandate ins Parlament gekommen. So zum Beispiel der Anführer des »Rechten Sektors« auf dem Maidan, Dmitri Jarosch, oder der Vorsitzende der rechtsextremen Swoboda-Partei, Oleg Tjagnibok.[190]

Auch Regierungsmitglieder, hochrangige Militärs und Polizeibeamte gehören rechtsextremen Organisationen an.[191] Polizeichef von Kiew wurde Wadim Trojan, der seine Berufserfahrungen als Kommandeur rechtsextremistischer Milizen wie dem Asow-Bataillon sammelte (Markenzeichen ist die Wolfsangel[192]). Dessen Kämpfer tragen zum Teil SS-Runen oder Hakenkreuze an den Stahlhel-

[190] Er rief 2004 dazu auf, »Russensäue, Judenschweine und sonstiges Gesindel« zu bekämpfen. Siehe Fußnote 90.

[191] Dazu: Sebastian Range, hintergrund.de, Ukraine: Prowestliche Parteien bilden Koalitionsregierung, 25.11.2014, http://www.hintergrund.de/201411253319/politik/welt/ukraine-prowestliche-parteien-bilden-koalitionsregierung.html, mit weiteren Nachweisen (25.7.2015).

[192] Das Symbol steht in Deutschland auf der Liste der verbotenen Zeichen und darf nach § 86a Strafgesetzbuch nicht öffentlich verbreitet werden.

men. Wir müssen lange suchen, bis wir in unseren Medien solche Informationen finden.

Seit Langem schon ist festzustellen, dass es an einer Aufklärung über die tatsächlichen Verhältnisse in der Westukraine fehlt, dass fragwürdige oder falsche Erklärungen der Kiewer Regierung von westlichen Medien unbeanstandet übernommen werden und über bestimmte Geschehnisse nicht oder unzureichend berichtet wird. Zum Beispiel gab es nur kurze Meldungen darüber, dass der georgische Ex-Präsident Michail Saakaschwili von Staatschef Petro Poroschenko im Mai 2015 zum Gouverneur der Region Odessa ernannt wurde, nachdem er kurz zuvor eingebürgert worden war. Gehälter einiger seiner Mitarbeiter werden von den USA bezahlt, wie der US-Botschafter zugab.[193] Gegen Saakaschwili, der seit 2013 in den USA lebte und für eine »effektive Militärhilfe« für die Ukraine warb, liegt in Georgien ein Haftbefehl wegen Amtsmissbrauchs vor, er stand auf der Fahndungsliste von Interpol.[194]

Der neue Gouverneur ernannte dann nach einem Treffen mit US-Botschafter Geoffrey Pyatt (der sich seinerzeit mit Victoria Nuland über die Einsetzung von Arsenij Jazenjuk zum Ministerpräsidenten abgesprochen hatte[195]) die 25-jährige Schauspielerin Julia Maruschewska zu seiner Stellvertreterin. Die Maidan-Aktivistin war durch ein angeblich von ihr selbst produziertes Video, »Ich bin eine Ukrainerin«, bekannt geworden. Der Clip, der es auf über

---

[193] Nina Jeglinski, Ukraine: Ein Fünkchen Hoffnung auf ein bisschen Frieden, *Der Tagesspiegel*, 19.7.2015, http://www.tagesspiegel.de/politik/krieg-im-donbass-ukraine-ein-fuenkchen-hoffnung-auf-ein-bisschen-frieden/12076996.html (20.7.2015).

[194] *Deutsche Wirtschafts Nachrichten*, 2.6.2015, http://deutsche-wirtschafts-nachrichten.de/2015/06/02/ukraine-poroschenko-ernennt-ex-staatschef-georgiens-zum-gouverneur/ (19.7.2015).

[195] Siehe: Fußnote 20.

8,5 Millionen Klicks brachte, zeigt die junge Frau auf dem Maidan-Platz, wie sie sehr emotional zum Widerstand gegen die Regierung Janukowitsch aufrief und um Unterstützung der Demonstranten durch »den Westen« warb. Allerdings wurde berichtet, dass der Clip, der intensiv von CNN verbreitet wurde, unter maßgeblicher Beteiligung des Hollywood-Produzenten Ben Moses und der US-Stiftung National Endowment for Democracy zustande kam,[196] also eine PR-Aktion war.

Der Herausgeber des Internetportals *NachDenkSeiten*, Albrecht Müller, schrieb dazu: »An diesem Stück kann man studieren, wie Propaganda läuft und wie sehr die USA die Innenpolitik anderer Länder, im konkreten Fall der Ukraine, bestimmen. Das Beispiel des in Hollywood produzierten Clips für den Maidan erinnert an die alte Geschichte zu Beginn des ersten Irak-Krieges. Damals wurde die Grausamkeit der irakischen Soldaten mit einem eigens von einer US-Agentur produzierten Clip ›bewiesen‹«.[197]

Überhaupt üben die Filmproduktionen, mit denen Hollywood die ganze Welt überschwemmt, einen nicht zu unterschätzenden Einfluss auf die Lebenswirklichkeit der Menschen aus. Kaum jemand kann sich dem noch entziehen. In vielen dieser Streifen werden Konflikte üblicherweise durch Schießen, Hauen und Stechen gelöst, die US-Amerikaner sind fast immer die Guten, die Russen oft

---

196 Deborah Stambler, I Am a Ukrainian: Can You Be Viral und Anonymous?, *The Huffington Post*, 15.4.2014, http://www.huffingtonpost.com/deborah-stambler/i-am-a-ukrainian-can-you-_b_4781793.html (3.8.2015); dazu auch: RT Deutsch, Wie Hollywood und US-Diplomaten die ukrainische Innenpolitik lenken, 18.7.2015, http://www.rtdeutsch.com/26291/headline/hollywood-und-us-diplomaten-lenken-ukrainische-innenpolitik/ (24.7.2015).

197 Albrecht Müller, Russland/Ukraine, *nachdenkseiten.de*, 20.7.2015, http://www.nachdenkseiten.de/?p=26861#h05, (20.7.2015).

die Bösen. Parallel zu den weltweiten militärischen Interventionen findet eine Hollywood-Gehirnwäsche statt, die den Menschen einen vermeintlich erstrebenswerten American Way of Life aufdrängt und sie mit einer Form von Konfliktbewältigung vertraut macht, die alles andere als human und friedensstiftend ist.

Skandale, Korruption, Provokationen und Verbrechen. Über die prekäre Situation der ukrainischen Bevölkerung wird kaum berichtet, und nur beiläufig erfuhr die Öffentlichkeit von einer Serie mysteriöser Todesfälle ukrainischer Oppositioneller. Mindestens sieben der Opfer – ehemalige hohe Amtsträger, Funktionäre und Politiker – waren Mitglieder der »Partei der Regionen«, der auch der gestürzte Ministerpräsident Janukowitsch angehörte. Mehrere von ihnen haben angeblich Selbstmord begangen, so der ehemalige Vorsitzende des Regionalrates in Kharkow, Nicholai Sergienko; der ehemalige Bürgermeister von Melitopol, Sergei Walter; der Polizeichef von Melitopol, Sergey Bordyuga und der ehemalige Abgeordnete Stanislaw Melnik. Der frühere Parlamentsabgeordnete Oleg Kalaschnikow wurde in seinem Kiewer Haus mit Schusswunden tot aufgefunden; der ehemaliger Leiter des staatlichen Grundstücksfonds, Michael Chechetow, stürzte am 27. Februar 2015 aus einem Fenster seiner Wohnung; am 12. März wurde der ehemalige Gouverneur von Saporischschja, Alexander Peklushenko, mit einem Genickschuss tot aufgefunden. Obwohl es keine Abschiedsbriefe gab und die Umstände auf Mord schließen ließen, war die offizielle Version des ukrainischen Innenministeriums bei Chechetow und der Kriminalpolizei bei Peklushenko »Selbstmord«.[198]

---

[198] RT Deutsch, Mordserie gegen Oppositionspolitiker in der Ukraine hält an, 16.4.2015, http://www.rtdeutsch.com/17071/headline/

Ebenfalls im Stillen ist die Einflussnahme auf die ukrainische Wirtschaft erfolgt. Nachdem bereits Vorstandsposten von Angehörigen der US-Politikerkaste besetzt wurden[199], hat inzwischen die Privatisierung öffentlicher Einrichtungen und der Kampf um die fruchtbare »Schwarze Erde« des Landes begonnen. Das vom ehemaligen Präsidenten Janukowitsch abgelehnte und von Petro Poroschenko unterzeichnete Assoziierungsabkommen mit der EU, für das der Internationale Währungsfonds (IWF) 17 Millionen Dollar bereitstellte, war an Bedingungen geknüpft.

Der Ökonom Frédéric Mousseau, Direktor am Oakland Institute in Kalifornien, schrieb dazu: »Nach der Machtübernahme durch die prowestliche Regierung leitete der IWF als Vorbedingung für die Kreditvergabe ein Reformprogramm ein, das auf die Förderung von Privatinvestitionen im Lande abzielte. Das Maßnahmenpaket beinhaltete auch die Reform der öffentlichen Wasser- und Stromversorgung und die Beseitigung dessen, was die Weltbank als »strukturelle Ursachen« der derzeitigen ukrainischen Wirtschaftskrise bezeichnet hat: die hohen Kosten für Unternehmen, die in dem Land Geschäfte machen. Der ukrainische Agrarsektor gehört zu den vorrangigen Zielen ausländischer Privatinvestitionen und wird vom IWF und von der Weltbank deshalb als prioritär reformbedürftig eingestuft. Beide Finanzinstitutionen loben die Bereitschaft der neuen Regierung, ihren Empfehlungen zu folgen.«[200]/[201]

---

mordserie-gegen-oppositionspolitiker-in-der-ukraine-halt-an-und-die-westlichen-medien-schweigen/ (24.7.2015); dazu auch: *Die Zeit*, http://www.zeit.de/politik/ausland/2015-04/ukraine-morde-busina-upa (17.4.2015).

199 Siehe Fußnote 81.

200 Frédéric Mousseau, Die schwarze Erde lockt, *Der Freitag*, 08.4.2015. https://www.freitag.de/autoren/der-freitag/die-schwarze-erde-lockt (24.9.2015)

201 Vergleiche mit der Einflussnahme von IWF und Weltbank in Grie-

Eine »Agrarreform« sieht den »erleichterten Zugang zu Agrarland, weniger Regulierung und Kontrollen im Nahrungsmittel- und Nutzpflanzensektor und die Senkung von Steuern und Zöllen für Unternehmen vor«[202]. Mousseau stellt fest: »Der Aufwand, der um den ukrainischen Agrarsektor mit seinen ausgedehnten Schwarzerdeböden betrieben wird, könnte kaum höher sein. Das drittgrößte Mais- und fünftgrößte Weizenexportland der Welt verfügt über mehr als 32 Millionen Hektar fruchtbares Ackerland. Das entspricht in etwa einem Drittel der gesamten EU-Agrarfläche.«[203]

Der Ökonom ist der Meinung: »Das Taktieren um die Kontrolle des Landwirtschaftssektors ist ein ausschlaggebender Faktor im größten Ost-West-Konflikt seit dem Kalten Krieg... Agrarkonzerne wie Monsanto, Cargill und DuPont sind bereits seit geraumer Zeit in der Ukraine präsent und haben ihre Investitionen in den letzten Jahren erheblich erhöht... Obwohl die Ukraine die Herstellung von genetisch verändertem Saatgut nicht erlaubt, enthält das Assoziierungsabkommen zwischen der Ukraine und der EU, an dem sich der Konflikt entzündet hatte, der zur Absetzung von Janukowitsch führte, in Artikel 404 eine Klausel, in der sich beide Vertragspartner verpflichten, ›die Anwendung der Biotechnologie innerhalb des Landes auszuweiten‹« – ein »Türöffner, wie ihn sich die großen Agro- und Saatgutkonzerne wie Monsanto wünschen, um ihre Genprodukte auf den europäischen Markt zu bringen«.[204]

---

chenland bieten sich an.

202 Frédéric Mousseau, a.a.O.

203 Frédéric Mousseau, a.a.O.

204 Frédéric Mousseau, a.a.O.

Die Griechenland-Krise und die Flüchtlingsproblematik haben fast alle diese Informationen über Monate überdeckt und in den Hintergrund gerückt. Mehr oder weniger offen wird mit weitgehenden Konsequenzen für Europa ein ganzes Land von ausländischen Kräften übernommen, aber die Öffentlichkeit erfährt das eher beiläufig, wenn überhaupt.

Kriegsvorbereitungen

Am 20. Mai 2015 ließ Staatspräsident Petro Poroschenko – die Hardliner der westlichen Allianz im Rücken – die Weltöffentlichkeit wissen: »Wir sind in einem echten Krieg mit Russland«, und er warnte in einem Interview vor einer »weiteren russischen Offensive«.[205] Zum Glück wurde diese Kriegserklärung von russischer Seite ignoriert.

Dennoch erklärte der von NATO-Manövern in seinem Land begeisterte polnische Verteidigungsminister Tomasz Siemoniak wenig später: »Die Periode des Friedens in Europa ist Vergangenheit.«[206] Vorher schon hatten die drei baltischen Staaten eine dauerhafte NATO-Präsenz gefordert, da nahe ihrer Grenzen »des Öfteren russische Militärflugzeuge gesichtet worden« seien.[207] Und die *Bild-Zeitung* jubelte kurz darauf: »BILD beim Manöver in Polen – Nato probt Krieg gegen Russland… Sie sind Teil der schnellen

---

[205] *AFP/dol*, Wir sind in einem echten Krieg mit Russland, zit. n.: *Die Welt*, 20.5.2015, http://www.welt.de/politik/ausland/article141194199/Wir-sind-in-einem-echten-Krieg-mit-Russland.html (20.7.2015).

[206] Tomasz Siemoniak, zit. n.: http://www.heise.de/tp/artikel/45/45224/1.html (18.6.2015).

[207] *Deutschlandfunk* 14.5.2015.

Barack Obama und der polnische Präsident Bronisław Komorowski in Warschau (Foto: www.prezydent.pl)

Eingreiftruppe der Nato, die hier übt, wie schnell sie auf die neue Bedrohungslage im Osten reagieren kann... ›Wir sind bereit‹, erklärte Nato-General Breedlove.«[208]

Philip Breedlove, seit Mai 2013 Supreme Allied Commander Europe, ist einer der einflussreichsten Kriegstreiber in der NATO. Bereits Ende 2014 haben sich erstaunlicherweise Bundeskanzlerin Angela Merkel und Außenminister Frank-Walter Steinmeier genötigt gesehen, gegen »gefährliche Propaganda« des Europakommandanten zu protestieren,[209] der – offensichtlich be-

---

[208] Hanno Kautz, NATO probt Krieg gegen Russland, *Bild-Zeitung*, 18.6.2015, http://www.bild.de/politik/ausland/nato/probt-krieg-gegen-russland-41397280.bild.html (19.6.2015).

[209] Peter Mühlbauer: »Gefährliche Propaganda«, *Telepolis*, 7.3.2015, http://www.heise.de/tp/artikel/44/44335/1.html (7.3.2015).

wusst – falsche Angaben über russische Aktivitäten in der Ostukraine verbreitet. Mit anderen Worten: Er lügt.

So hieß es beispielsweise am 18. November 2014, die OSZE habe gemeldet, russische Panzer, Artillerie, Luftabwehrsysteme und Kampftruppen seien in die Ukraine eingerückt, obwohl die OSZE lediglich Militärkonvois innerhalb des Separatistengebiets gesichtet hatte. Außerdem behauptete der US-Luftwaffengeneral, in der Ukraine befänden sich »reguläre Einheiten der russischen Armee«, was zu einer unmittelbaren Konfrontation mit der NATO hätte führen können. Doch tags darauf musste Breedlove seine Aussage zurücknehmen. Anfang März 2015 heizte er dann die Situation erneut an, indem er warnte, die Lage in der Ostukraine werde »jeden Tag schlechter«, obwohl nach den zweiten Minsker Waffenstillstandsverhandlungen relative Ruhe eingekehrt war. Der Supreme Commander gab bekannt, »der russische Staatspräsident Putin« habe »mehr als tausend Kampffahrzeuge, russische Kampftruppen und Artillerie-Bataillone« in den Donbass entsandt. Auch diese Behauptung ließ sich durch Satellitenfotos nicht bestätigen.[210]

Zur Rede gestellt, sah Breedlove nach Angaben des *Spiegel* keinen Anlass, sich zu entschuldigen, vielmehr trumpfte er auf und sagte, er stehe zu allen öffentlichen Äußerungen, die er während der Ukraine-Krise gemacht hat.[211] Spekuliert wurde, der Commander strebe vermutlich im Einvernehmen mit der umstrittenen US-Diplomatin Victoria Nuland (»Fuck the EU«) größere Waffenlieferungen an die Ukraine an; das Interesse an einer

---

210 Peter Mühlbauer, a.a.O.

211 Philip Breedlove, zit. n.: *Der Spiegel*, Nato-Oberbefehlshaber Breedlove irritiert Alliierte, 7.3.2015, http://www.spiegel.de/spiegel/vorab/nato-oberbefehlshaber-breedlove-irritiert-alliierte-a-1022216.html (16.3.2015).

diplomatischen Lösung des Konflikt hielte sich offenbar in Grenzen, angeblich gehe es wohl um einen Regimewechsel in Russland.

Nuland ist übrigens mit dem Politikberater Robert Kagan verheiratet, der unter anderem für die US-Regierung tätig ist und zeitweise außenpolitischer Berater des ultrakonservativen Senators und ehemals republikanischen Präsidentschaftskandidaten John McCain war. Der wiederum hatte bekanntlich während der Maidan-Revolte dem Rechtsextremisten Oleg Tjagnibok seine Unterstützung im Kampf gegen die rechtmäßige Regierung von Viktor Janukowitsch versichert.

Nachdem Breedlove mehrmals für Waffenlieferungen der USA an die Kiewer Ukraine eingetreten war, meldete sich auch NATO-Generalsekretär Jens Stoltenberg zu Wort. Der russische Präsident hatte im Juni 2015 bekanntgegeben, aufgrund der Bedrohung durch die NATO werde das Arsenal an Interkontinentalraketen, die mit Atomsprengköpfen bewaffnet werden können, aufgestockt. Es gehe um die »Stärkung der Sicherheit Russlands und seiner Wirtschaft«, sagte Putin.[212] Daraufhin kritisierte Stoltenberg die Pläne Moskaus als »destabilisierend und gefährlich« und kündigte eine weitere Erhöhung der NATO-Präsenz im östlichen Teil des Bündnisgebietes an.[213] Kurz darauf sagte Breedlove bei einem Besuch in Litauen, Russland versuche »die Regeln und Grundsätze im Osten zu ändern, die jahrzehntelang das Fundament der europäi-

---

[212] Wladimir Putin, zit. n.: *Spiegel Online*, Interkontinental-Raketen: Putin stockt sein Atomwaffenarsenal auf, 16.6.2015, http://www.spiegel.de/politik/ausland/russland-putin-kauft-interkontinentalraketen-a-1039072.html (17.6.2015).

[213] Jens Stoltenberg, ebd.

schen Sicherheit gewesen seien«.[214] Er warb erneut für die Lieferung schwerer Waffen an die Ukraine und für die Stationierung von Kampfeinheiten in Estland, Lettland und Litauen.

Die Aufrüstungsspirale dreht sich weiter. Im Juli 2015 warnte der US-General Joseph Dunford bei einer Anhörung im US-Kongress: »Putin ist gefährlicher als der Islamische Staat … die größte Bedrohung für die USA.«[215] Der designierte Generalstabschef hält das Verhalten Moskaus für »nicht weniger als alarmierend«. Die Atommacht Russland könne die Souveränität von US-Verbündeten verletzen und sei eine »existenzielle Bedrohung für die Vereinigten Staaten«. Er sprach sich ebenso wie Breedlove für Waffenlieferungen an die Ukraine aus: Ohne diese Art der Unterstützung werde sie nicht in der Lage sein, »sich gegen die russische Aggression zu verteidigen«.[216]

Währenddessen rückte die ukrainische Armee unter Missachtung des Minsker Abkommens erneut mit schweren Waffen in der Ostukraine vor, die Bundeswehr beteiligte sich mit Soldaten ihrer schnellen Eingreiftruppe »Speerspitze« an Manövern in Polen und der Ukraine und US-Langstreckenbomber patrouillieren an der russischen Grenze. Die Bomber vom Typ B-52, von Militärs liebevoll »Big Ugly Fat Fucker« genannt, sind mit

---

[214] Philip Breedlove, zit. n.: *Spiegel Online*, Russlands neue Atomraketen: Nato kündigt Antwort auf Putins Waffenpläne an, 16.6.2015, http://www.spiegel.de/politik/ausland/russland-nato-kuendigt-antwort-an-putin-an-a-1039157.html (18.6.2015).

[215] Joseph Dunford, zit. n.: *Focus Online*, US-General warnt: Putin ist gefährlicher als der Islamische Staat, 10.7.2015, http://www.focus.de/politik/ausland/islamischer-staat/us-general-warnt-russland-und-china-schlimmer-als-die-is-terrormiliz_id_4807638.html (12.7.2015).

[216] Joseph Dunford, a.a.O.

Marschflugkörpern bewaffnet, die Atomsprengköpfe tragen.[217] CNN (»der US-Kriegssender«[218]) meldete wieder einmal und gestützt auf zwei anonyme Quellen, die Separatisten hätten das malaysische Passagierflugzeug MH 17 abgeschossen[219] und aus der *Bild-Zeitung* war zu erfahren: »Neues Schock-Video beweist Schuld von Putins Schergen.«[220]

Der Publizist und Herausgeber des Internetforums *Rationalgalerie*[221], Ulrich Gellermann, schreibt: »Nicht die Frage, welche Rakete aus welcher Gegend die Flugpassagiere beschossen hat, führt zu den eigentlichen Tätern. Jene, die den Krieg in der Ost-Ukraine begonnen haben, tragen die Verantwortung für den Tod von 298 Flugpassagieren. Jene, die begannen unschuldige Zivilisten in der Ost-Ukraine zu beschießen, haben die Voraussetzungen für den Beschuss unbeteiligter Menschen aus anderen Ländern geschaffen. Sie haben einen Krieg angefangen, der bis heute droht über die Grenzen der Ukraine hinaus ganz Europa zu erfassen. Die Verursacher sitzen in Kiew. Ihre Hintermänner und Claqueure sind bekannt... Bewiesen ist, dass die Menschen in der Ost-Ukraine bis zum Tag der neuen Macht in Kiew friedlich lebten. Man holte Milch, ohne beschossen zu werden. Man brachte seine

---

217 Ulrich Gellermann: US-Atombomber über Europa, *rationalgalerie.de*, 9.7.2015, http://www.rationalgalerie.de/home/us-atombomber-ueber-europa.html (10.7.2015).

218 Ulrich Gellermann, a.a.O.

219 *N-tv/kst/dpa*, Insider: Separatisten schossen MH17 ab, http://www.n-tv.de/politik/Insider-Separatisten-schossen-MH17-ab-article15531526.html (16.7.2015).

220 *Bild-Zeitung*, MH17-Jahrestag: Die Welt trauert um die Opfer der MH17-Katastrophe, 18.7.2015, http://www.bild.de/politik/ausland/flug-mh-17/mh17-trauer-wut-41826254.bild.html (19.7.2015).

221 www.rationalgalerie.de.

Kinder zur Schule ohne Furcht vor Granaten. Man fuhr mit dem Bus ohne Angst vor Streubomben…«[222]

Wir lesen, sehen und hören, Russland habe sozusagen aus heiterem Himmel die Krim annektiert, ein Zivilflugzeug abgeschossen, Soldaten in die umkämpfte Ostukraine geschickt; Putin, der »Gottseibeiuns«, der überhaupt hinter allem stecke, habe die Ukraine destabilisiert. Deswegen müsse noch mehr aufgerüstet und die Schraube der Wirtschaftssanktionen immer mehr angezogen werden, koste es uns, was es wolle. Die essentiellen Fragen bleiben unbeantwortet: Warum sollte der russische Präsident ein Zivilflugzeug abschießen lassen? Welches Interesse sollte Russland daran haben, sein Nachbarland Ukraine, mit dem es umfangreiche Handelsbeziehungen hatte, ins Chaos zu stürzen? Warum sind die westeuropäischen Regierungen niemals auf die jahrelangen Kooperationsangebote des russischen Präsidenten eingegangen? Was sind die wahren Hintergründe des Ukraine-Konflikts und der Spaltung Europas?

Das Gedächtnis der meisten Menschen ist kurz, und die Politiker und Medien tun nichts, um es aufzufrischen, wo es nicht passt. Aber was sich in Politik und Medien an Verschleierung, Lügen und Gemeinheiten abgespielt hat und immer noch abspielt und wirkt, zeugt davon, dass es eine »westliche Wertegemeinschaft« nicht mehr gibt. Wenn es nicht zu einer baldigen Umkehr kommt, stehen der Menschheit – das heißt auch uns in Deutschland – dunkle Zeiten bevor. Denn die Hardliner in Washington treiben die militärische Aufrüstung der russischen Anrainerstaaten systematisch voran.

---

222 Ulrich Gellermann, MH17: Ursache in Kiew – Der Absturz in den Europa-Krieg, *rationalgalerie.de*, 20.7.2015, http://www.rationalgalerie.de/home/mh-17-ursache-in-kiew.html (20.7.2015).

Anfang März 2015 wurde gemeldet, dass die USA Hunderte von Panzern, Kampffahrzeugen und sonstige Rüstungsgüter an die baltischen Staaten geliefert haben und dass 3.000 weitere Soldaten in die Region verlegt worden sind.[223] Und im Juni 2015 sagte US-Verteidigungsminister Ashton Carter anlässlich eines Besuchs in Estland, die USA beabsichtigten, schweres Kriegsgerät für eine Brigade (5.000 Soldaten) in die baltischen Staaten sowie nach Bulgarien, Rumänien und Polen zu verlegen.[224]

Inzwischen werden in Kreisen der NATO-Strategen für einen Ernstfall, also eine militärische Auseinandersetzung mit Russland, begrenzte taktische Atomschläge nicht mehr ausgeschlossen. Was das für die deutsche Bevölkerung bedeuten könnte, liegt auf der Hand. Denn seit Langem ist bekannt, dass sich unter anderem in Büchel in Rheinland-Pfalz einsatzfähige Atomwaffen befinden, über die das US-Militär verfügen kann.[225] Sollte es zu einer militärischen Konfrontation unter Einsatz taktischer Atomwaffen kommen, ist davon auszugehen, dass nach zu erwartenden Gegenschlägen von Deutschland nicht mehr viel übrig bliebe.

Seit die NATO nach Osten vorrückt und insbesondere seit Beginn des Ukraine-Konflikts rüstet auch Russland wieder massiv auf, allerdings defensiv. Aber die *Bild-Zei-*

---

223 *she/DPA/Stern*, USA senden 3.000 Soldaten ins Baltikum, 10.3.2015, http://www.stern.de/politik/ausland/ukraine-konflikt--usa-entsenden-3000-soldaten-ins-baltikum-5938428.html (22.7.2015).

224 *AFP/junge Welt*, USA verlegen schweres Kriegsgerät nach Osteuropa, 24.6.2015, https://www.jungewelt.de/2015/06-24/071.php (24.7.2015).

225 *Focus*, Nukleare Bedrohung: Hier lagern in Europa Atomwaffen, 6.3.2015, http://www.focus.de/politik/videos/keine-chance-fuer-abruestung-nukleare-bedrohung-hier-lagern-in-europa-atomwaffen_id_4527232.html (5.9.2015).

tung berichtet: »Der Westen wirft Russland vor, mit Manövern und Raketentests die Spannungen wegen der Ukraine-Krise aufzuheizen.«[226] Weiter heißt es, Russland verfüge über 60 fest installierte und 18 mobile Interkontinentalraketen des Typs Topol-M, die mit Atomsprengköpfen bestückt werden können und eine Reichweite von 11.000 Kilometern haben. Diese Topol-M-Rakete sei eine der gefährlichsten Waffen der Russen. Sie gelte als »Gegenstück zum amerikanischen Raketenabwehrschild« und sei geeignet, nach einem nuklearen Angriff einen Gegenangriff zu starten. Das erfahren die Bild-Zeitungs-Leser eher beiläufig, als sei die erneute atomare Bedrohung der Menschheit das Normalste von der Welt.

Nach Angaben des Stockholmer Friedensforschungsinstituts *Sipri* verfügt Russland zurzeit (Mitte 2015) über 7.500 Nuklearwaffen, darunter 1.780 einsatzbereite atomare Sprengköpfe. Demgegenüber besitzen die USA 7.260 Nuklearwaffen, von denen 2.080 jederzeit einsatzbereit sind.[227] Zwar dürfte Russland bei einem Angriff der NATO mit konventionellen Waffen unterlegen sein, aber es verfügt »über eine atomare Zweitschlagkapazität, die den angreifenden Staat nach der Maxime ›wer zuerst schießt, stirbt als zweiter‹ vernichten würde.«[228]

Obwohl anscheinend immer mehr europäische Politiker begreifen, wohin die Militarisierung und Sanktions-

---

226 *Bild-Zeitung*, Putins Truppen testen atomwaffenfähige Rakete, 22.8.2015, http://www.bild.de/politik/ausland/wladimir-putin/laesst-atomrakete-testen-42288796.bild.html (5.9.2015).

227 *Welt/Reuters/AFP/AP/coh*, NATO-General warnt vor Putins starker und moderner Armee, 16.6.2015, http://www.welt.de/politik/ausland/article142600291/Nato-General-warnt-vor-Putins-starker-und-moderner-Armee.html (12.9.2015).
So auch Ralph Hartmann, Die russische Gefahr, *Ossietzky* Nr. 18 v. 12.9.2015, S. 657.

228 Ralph Hartmann, a.a.O.

politik führen kann, nämlich zu einem offenen Krieg mit Russland, den niemand gewinnen würde, verhalten sie sich gegenüber den USA nach wie vor unterwürfig. Die deutsche Verteidigungsministerin Ursula von der Leyen ist stolz auf die »Speerspitze«, ein im Aufbau befindliches multinationales Landstreitkräftekontingent von 5.000 Soldaten unter deutscher Führung.[229] Deutschland ist also maßgeblich an den Aggressionen und Provokationen gegen Russland beteiligt. Wie NATO-Generalsekretär Jens Stoltenberg bekannt gab, soll die schnelle Eingreiftruppe, zu der die Speerspitze gehört, von etwa 25.000 Soldaten auf bis zu 40.000 Soldaten aufgestockt werden.[230]

Bei dem Ende September 2015 unter Beteiligung von 36.000 Soldaten stattfindenden NATO-Großmanöver »Trident Juncture« übernimmt die Bundeswehr sogar eine Führungsrolle. Zwar wird eine Militärintervention in einem fiktiven Staat geprobt, wie es offiziell heißt, aber zugleich erklärte der Befehlshaber des »Multinationalen Kommandos Operative Führung«, Generalleutnant Richard Roßmanith, von »Trident Juncture« gehe eine nicht zuletzt an Russland gerichtete »Botschaft« aus: »Jeder sollte sich gut überlegen, wie er mit uns umgeht«, die NATO sei schließlich das »stärkste Militärbündnis der Welt« und verfüge über einen Aktionsradius von »360 Grad«.[231] Angesichts dieser Drohkulisse fragt es sich, wie

---

229 *Zeit Online*, Nato will schnelle Eingreiftruppe vergrößern, 5.2.2015, http://www.zeit.de/politik/ausland/2015-02/nato-ukraine-eingreiftruppe (22.7.2015).

230 *Focus Online*, Nato verdreifacht ihre Speerspitze in Osteuropa, 24.6.2015, http://www.focus.de/politik/ausland/ukraine-konflikt-nato-stockt-spezialeinheiten-massiv-auf_id_4772578.html (22.7.2015).

231 Richard Roßmanith, zit. n.: *German-foreign-policy.com*, Botschaft an die Weltöffentlichkeit, 3.9.2015, http://www.german-foreign-policy.com/de/fulltext/59189, (4.9.2015).

lange die erst kurz zuvor erneut ausgehandelte Waffenruhe in der Ostukraine Bestand haben kann. Voraussagen sind kaum möglich, solange die Günstlinge der USA, Arsenij Jazenjuk und Petro Poroschenko, an der Macht bleiben.

Konsequenzen

Neben der militärischen Aggression ist der wirtschaftliche Aspekt nicht aus den Augen zu verlieren. Der Euro steht im Verhältnis zum Dollar auf einem Tiefststand, und die deutsche Wirtschaft klagt über erhebliche Einbußen im Handel mit Russland. Der Ost-Ausschuss der Deutschen Wirtschaft meldet (Stand Mai 2015): »Die deutschen Exporte nach Russland gingen 2014 um 18 Prozent auf 29,3 Milliarden Euro zurück … In den ersten beiden Monaten 2015 gingen die deutschen Russland-Exporte sogar um mehr als ein Drittel zurück. Für das Gesamtjahr 2015 ist ein Rückgang der deutschen Ausfuhren um 15 bis 20 Prozent möglich.«[232] Und das erscheint noch optimistisch.

Der Chefanalyst der Bremer Landesbank, Folker Hellmeyer, erklärte in einem Interview: »Der Schaden ist viel umfassender, als es die Statistik sagt. Beginnen wir bei der Ökonomie und den bisher aufgelaufenen Schäden. Der Blick auf den Rückgang der deutschen Exporte per 2014 um 18% oder in den ersten beiden Monaten 2015 um 34% im Jahresvergleich erfasst nur einen Primärausschnitt. Es gibt Sekundäreffekte… Deutschland und die EU haben gegenüber Russland ihre ökonomische Zuver-

232 Ost-Ausschuss der Deutschen Wirtschaft, http://www.ost-ausschuss.de/russische-f-deration (18.7.2015).

lässigkeit zur Disposition gestellt.«[233] Abzuwarten bleibe, so Hellmeyer, inwieweit von den aufstrebenden BRICS-Ländern die Sanktionspolitik der EU und Deutschlands als Affront nicht nur gegen Russland interpretiert werde. Die Achse Peking–Moskau plane »im Rahmen der Shanghai-Corporation und der BRICS-Länder das größte Wachstumsprojekt in der modernen Geschichte, den Aufbau der Infrastruktur Eurasien von Moskau bis Wladiwostok, bis Südchina und Indien.«[234] Beunruhigend sei aber der Mangel an Weitsicht bei den europäischen Politikern, die offensichtlich nicht in der Lage seien, die definitiv eintretenden zukünftigen Schäden, die erheblich sein werden, einzuschätzen.

Hellmeyer weiter: »Es ist in der Tat irritierend. Menschen, die nicht nur auf ›westliche Qualitätsmedien‹ fokussiert sind, sind erstaunt über das mediale Ausblenden der Aggressionen Kiews und der durch die Regierung Kiews umgesetzten diskriminierenden Gesetze, die zu dem Anspruch westlicher Werte und Demokratie in einem krassen Missverhältnis stehen.« Bei dem »Coup« in der Ukraine sei »eine in der Tendenz gegenüber Moskau freundlich gesinnte Oligarchie durch eine jetzt den USA zugewandte Oligarchie ersetzt« worden; das sei Geopolitik, die dritten Kräften, nicht aber Deutschland und der EU und auch nicht Russland und der Ukraine nütze. Fakt sei, dass sich die aufstrebenden Länder von der US-Hegemonie emanzipierten, und das werde gerade deutlich an den Gründungen von Konkurrenzinstitutionen zur Welt-

---

233 Folker Hellmeyer, zit. n.: *Deutsche Wirtschafts Nachrichten*, Top-Banker: USA werden gegen Achse Moskau-Peking den Kürze ren ziehen, 24.7.2015, http://deutsche-wirtschafts-nachrichten.de/2015/07/24/top-banker-usa-werden-gegen-achse-moskau-peking-den-kuerzeren-ziehen/ (25.7.2015).

234 Folker Hellmeyer, a.a.O.

bank (AIIB[235]) und dem IWF (New Development Bank) seitens der Achse der aufstrebenden Länder.[236]

Für den Analysten Hellmeyer ist der Konflikt schon entschieden: »Die Achse Moskau–Peking–BRICS gewinnt. Dort hat man vom Westen die Nase voll. 1990 hatten diese Länder einen Anteil von circa 25% an der Weltwirtschaftsleistung. Heute stehen sie für 56% der Weltwirtschaftsleistung, für 85% der Weltbevölkerung. Sie kontrollieren circa 70% der Weltdevisenreserven. Sie wachsen pro Jahr im Durchschnitt mit 4% – 5%. Da die USA nicht bereit waren, internationale Macht zu teilen (z.B. Voten in IWF und Weltbank), baut man im Sektor der aufstrebenden Länder ein eigenes Finanzsystem auf. Dort liegt die Zukunft… Die EU wird derzeit in den Konflikt, den die USA verursachte, weil sie keine Macht teilen wollte und teilen will, hineingezogen und damit in ihren eigenen Entwicklungsmöglichkeiten sterilisiert. Je länger wir diese Politik in der EU verfolgen, desto höher wird der Preis, desto weniger wird man uns als Gesprächspartner ernst nehmen.«[237]

Auch andere Finanz- und Wirtschaftsexperten warnen inzwischen vor den gravierenden Folgen der Sanktionen und der Aggressionen gegenüber Russland, so beispielsweise der Investor Mattias Westmann in einem Gastbeitrag für *Focus-Money*: »Jetzt wirft sich aber die Frage auf: Unter welchen Bedingungen können die Sanktionen wieder aufgehoben werden? Geschieht dies nur dann, wenn Russland die Krim wieder an die Ukraine zurückgibt, dann würden sich die Strafmaßnahmen als immerwährend erweisen. Schließlich unterstützt die lokale Krim-Be-

---

235 Asian Infrastructure Investment Bank.
236 So Folker Hellmeyer, a.a.O.
237 Folker Hellmeyer, a.a.O.

völkerung die Wiedervereinigung mit Russland zu über 90 Prozent. Und auch angesichts der Lage in der Ostukraine würden die Menschen auf der Krim eine Rückkehr zu den alten Verhältnissen nicht akzeptieren. Darüber hinaus ist für Russland der Marinestützpunkt Sewastopol sehr wichtig – sowohl in strategischer als auch in nostalgischer Hinsicht.«[238]

Bemerkenswert, wie Westmann die russische Position einschätzt: »Aus russischer Sicht ist es nun einmal so, dass es durch einen Staatsstreich zum Handeln gezwungen wurde, der von ausländischen Mächten unterstützt wurde und der sowohl Russlands wesentliche Sicherheitsinteressen bedrohte als auch das Wohl der russischsprachigen Bevölkerung in der Ukraine. Russlands Vorgehen war in diesem Sinne defensiv, nicht offensiv. Hätte Russland vorgehabt, Kiew einzunehmen, dann hätte es das mit Leichtigkeit tun können. Es gibt aber keinen Hinweis darauf, dass das jemals geplant war…«[239]

Westmann kommt zu dem Schluss: »Das grundlegende Problem ist aber, dass Russland die Umsetzung von Minsk II zwar wünscht, dass es aber kaum etwas dazu beitragen kann. Die Haupthindernisse für die Verwirklichung von Minsk II liegen in Kiew.«[240] Beeindruckend ist diese Stellungnahme (wie auch die von Reinhard Merkel in der *FAZ* vom 7. April 2015 zur »Annexion« der Krim[241]) insofern, als noch vor Kurzem ganz andere martialische Töne in Medien

[238] Mattias Westmann, Sanktionen waren ein Eigentor: Die Bedrohung geht nicht von Russland aus, *Focus-Money*, 16.7.2015, http://www.focus.de/finanzen/experten/russland-experte-warnt-sanktionen-waren-ein-eigentor-die-bedrohung-geht-nicht-von-russland-aus_id_4815110.html (20.7.2015).
[239] Mattias Westmann, a.a.O.
[240] Mattias Westmann, a.a.O.
[241] Reinhard Merkel, a.a.O.

wie *Focus* und *FAZ* angeschlagen wurden. Das ist überwiegend auch jetzt noch der Fall, aber hier und da scheint Einsicht in die wahren Hintergründe der Krise einzukehren.

Ebenso deutlich äußerte sich der US-amerikanische Historiker und Russland-Experte Stephen Cohen, Professor an der Princeton University und an der New York University, bereits am 2. Mai 2014 in der *taz:* »Wir schlittern in einen Krieg«; nicht Putin habe die Ukraine-Krise ausgelöst, sondern der Wunsch der USA, die Ukraine in die NATO zu holen.[242] Im Juni 2015 warnte Cohen, jetzt passiere genau das, »was die NATO seit 15 Jahren angestrebt hat«, Verteidigungsminister Ashton Carter balanciere »am Rande eines Krieges mit Russland«.[243] Die russische Regierung sei gezwungen, so Cohen, etwas dagegen zu tun, dass US-Truppen und schweres Kriegsgerät an ihren Grenzen stationiert werde. Doch auf jeden Gegenschritt Moskaus erfolge ein Gegenschritt Washingtons, und diese militärische Eskalation könne im Endeffekt zu einer »Konfrontation wie in der Kuba-Krise« führen. Der Westen überzeuge mit Propaganda die übrige Welt, dass Russland eine Bedrohung darstelle; das werde »von den Leuten getan, die seit Jahrzehnten nach einer Offensive gegen Russland lechzten«. Cohen resümiert: »Das ist nicht mehr die Ukraine, die sich verteidigt. Das ist die Nato, die expandiert.« Er empfiehlt den Politikern in den europäischen Staaten, sich darüber Gedanken zu machen, dass die USA weder den Euro retten noch billige Energieträger an die EU liefern könnten.

---

242 Stephen Cohen, Wir schlittern in einen Krieg, *taz*, 2.5.2014, http://www.taz.de/%215043196/ (22.7.2015).

243 Stephen Cohen, zit. n.: *Sputnik*, »So nah wie noch nie zuvor«: US-Historiker warnt vor Krieg mit Russland, 28.6.2015, http://de.sputniknews.com/politik/20150628/302981171.html (22.7.2015).

Aber der mörderische Bürgerkrieg in der Ukraine, dem schon Tausende zum Opfer gefallen und vor dem weit über eine Million Menschen geflohen sind, ist bislang nicht beendet. Kampfpausen nach den ersten Minsker Waffenstillstandsvereinbarungen vom 5. September 2014 hat die Regierung Poroschenko/Jazenjuk genutzt, um nachzurüsten,[244] und obwohl das Land quasi bankrott ist, wurde der Militäretat erheblich erhöht. Zuwendungen der EU und Deutschlands in Milliardenhöhe, die der ukrainischen Bevölkerung zugutekommen sollten, können also für die Finanzierung des Bürgerkriegs verwendet werden. Schon im November 2014 hatte Präsident Poroschenko erklärt, sein Land sei auf das »Szenario für einen totalen Krieg vorbereitet«. Er habe »keine Angst vor einem Krieg mit russischen Truppen«.[245] Der *Bild-Zeitung* sagte er: »Unsere Armee ist in einem wesentlich besseren Zustand als vor noch fünf Monaten und wir haben die Unterstützung aus der ganzen Welt.«[246]

Auch die zweiten Minsker Waffenstillstandsverhandlungen vom 12. Februar 2015 und die Ende August 2015 vereinbarte neuerliche Waffenruhe werden ohne eine massive Einflussnahme der USA von der Kiewer Regierung wohl kaum eingehalten werden – fraglich, ob die Kriegstreiber in den USA, die eine starke Fraktion im Kongress stellen, überhaupt an einem Friedensschluss in

---

[244] *Zeit Online*, Poroschenko verspricht Panzer und Raketen für Mariupol, 8.9.2015, http://www.zeit.de/politik/ausland/2014-09/ukraine-krise-poroschenko-mariupol-ueberraschungsbesuch (21.7.2015).

[245] Petro Poroschenko, zit. n. *dts Nachrichtenagentur/FinanzNachrichten.de*, Poroschenko: Ukraine auf »Szenario für einen totalen Krieg vorbereitet«, 16.11.2014, http://www.finanznachrichten.de/nachrichten-2014-11/32021606-poroschenko-ukraine-auf-szenario-fuer-einen-totalen-krieg-vorbereitet-003.htm (20.8.2015).

[246] Petro Poroschenko, a.a.O.

der Ostukraine interessiert sind, ob sie nicht vielmehr eine weitere Eskalation und damit eine militärische Konfrontation mit Russland auf dem europäischen Kontinent anstreben. Nach wie vor sind große Waffenlieferungen an die Ukraine geplant, die allerdings bisher von Präsident Obama nicht genehmigt wurden.[247]

Dafür scheint es triftige Gründe zu geben. Von Beobachtern wird berichtet, dass sich die Lage in der Ukraine auch ohne die Einflussnahme der USA immer weiter zuspitzt. Im Osten gab es von Juli bis August 2015 schwere Kämpfe, bei denen zahlreiche Tote zu beklagen waren. Die Regierungstruppen verschärften unter Verletzung des Minsk-II-Abkommens erneut ihre Angriffe gegen die Separatisten, und im Westen wüteten die Ultranationalisten des Rechten Sektors. Nachdem Petro Poroschenko mit Unterstützung der Neonazis an die Macht kam, droht inzwischen der Führer des Rechten Sektors, Dmitri Jarosch, der 2014 zum Abgeordneten der Werchowna Rada und dann zum Berater des ukrainischen Generalstabs ernannt wurde, offen damit, Poroschenko zu stürzen. Dadurch könnte eine zusätzliche ernste Gefahr für Europa entstehen.[248]

---

[247] Barbara Junge, Obama bekommt wegen der Ukraine Druck von den Falken, *Der Tagespiegel*, 3.2.2015, http://www.tagesspiegel.de/politik/debatte-um-waffenlieferungen-obama-bekommt-wegen-der-ukraine-druck-von-den-falken/11323462.html (22.7.2015).

[248] Max Bromberg, Ukraine: Rechter Sektor – Gefahr für Europa, *NeoPresse*, 20.7.2015, http://www.neopresse.com/europa/ukraine-rechter-sektor-gefahr-fuer-europa/ (22.7.2015).

Resümee

Zusammenfassend lässt sich feststellen:

1. Der Regimewechsel in der Ukraine wurde jahrelang subversiv vorbereitet. Die US-Regierung und ihre Geheimdienste investierten über fünf Milliarden Dollar dafür.
2. Die Strategie der westlichen Allianz war von vornherein darauf angelegt, sich die Ukraine als ein Brückenland von großer geostrategischer Bedeutung und auch als Wirtschaftsraum und Tor zu den Ressourcen Russlands einzuverleiben.
3. Das Ziel ist, Russland durch Wirtschaftssanktionen, Beeinflussung der Kapital- und Energiemärkte und durch die aufgezwungenen Aufwendungen für Nachrüstung in den Ruin zu treiben. Putin wird niedergemacht, Russland soll ebenfalls destabilisiert und als machtpolitischer Faktor in der internationalen Politik ausgeschaltet werden. Das Land soll den westlichen Kapitalinteressen geöffnet werden.
4. Das Vorrücken der von den USA dominierten NATO bis unmittelbar an die Grenzen Russlands hat zu einer Rüstungsspirale und permanenten Kriegsgefahr für Europa geführt. Die vielfältigen Aggressionen der westlichen Allianz haben die jahrzehntelangen Bemühungen um einen »Wandel durch Annäherung« hinfällig gemacht und sowohl in Westeuropa als auch in Russland zum Aufleben eines beängstigenden Nationalismus geführt.
5. Russland reagiert auf die westliche Sanktionspolitik mit Gegensanktionen und orientiert sich inzwischen nach China und den übrigen BRICS-Ländern. Dadurch werden sich in absehbarer Zeit gravierende wirt-

schaftliche Probleme für Westeuropa ergeben, ganz abgesehen von den militärisch-strategischen Konsequenzen.

6. Wenn kein Politikwechsel erfolgt, wird Westeuropa zum absoluten Einflussgebiet der USA, insbesondere wenn noch das TTIP-Freihandelsabkommen durchgesetzt wird.
7. Die Regierung in Kiew ist aufgefordert, ihren blutigen, menschenverachtenden Krieg gegen die eigene Bevölkerung einzustellen, mit den Separatisten zu verhandeln, umgehend föderative Strukturen einzuführen und den abtrünnigen ostukrainischen Gebieten Selbstverwaltungsrechte zuzugestehen.
8. Allerdings drängt sich die Vermutung auf, dass einflussreichen Kreisen in den USA weder an einem Friedensschluss in der Ostukraine liegt noch an einem prosperierenden friedlichen Europa. Letztlich geht es um die globale Vorherrschaft der USA.
9. Die westlichen Medien betreiben in ihrer Mehrzahl in skandalöser Weise Regierungspropaganda, ein Teil sogar Kriegshetze. Einer immer skeptischer werdenden Öffentlichkeit wird diese Propaganda als objektiv und die Aggressionspolitik des Westens als notwendig angeblich zum Schutz der »westlichen Wertegemeinschaft« verkauft, die Fakten werden verkehrt.
10. Kritiker der unverantwortlichen Politik und Informationsvermittlung in Presse, Funk und Fernsehen verfallen einer dreisten Gegenpropaganda. Sie werden diffamiert und sind von Existenzentziehung bedroht.
11. Dass Europa wieder von der Ostsee bis zum Schwarzen Meer gespalten ist und sich erneut in einem Kalten Krieg mit Russland befindet, ist eine Jahrhunderttragödie.

12. Vielleicht reicht es den USA und ihren Verbündeten in Europa, Russland wirtschaftlich zu ruinieren und ins politische Abseits zu manövrieren. Aber Russland wehrt sich, und es ist nicht auszuschließen, dass es mit unabsehbaren Folgen zu einem Konflikt der Atommächte USA und Russland auf dem eurasischen Kontinent, also bei uns, kommt.

In Shakespeares Drama »König Lear« sagt der Graf Gloucester: »Das ist die Seuche dieser Zeit: Verrückte führen Blinde« (»Tis the times plague, when madmen lead the blind«). Und die Verrückten führen heute die Menschheit auf einen Abgrund zu. Die Grenze zum Wahnsinn ist längst überschritten, wenn es in einem CSIS[249]-Report heißt, begrenzte taktische Atomschläge seien möglich, ohne »die amerikanische Heimat« zu gefährden.[250] Das ist die Theorie, sozusagen die Planungsphase. Aber in der Praxis des bislang noch Kalten Krieges ist eine neue Stufe der Eskalation erreicht, wenn gemeldet wird, dass die USA im Rahmen einer neuen Atomstrategie der NATO Anfang September 2015 Abwürfe von Übungsatombomben in Lettland vorgenommen haben und des Weiteren per Ge-

[249] CSIS = Center for Strategic and International Studies. Eine »Denkfabrik« in Washington, D.C., mit Fokus auf die Außenpolitik der USA.

[250] Siehe: Clark Murdock u.a., CSIS, Project Atom, May 2015, http://csis.org/files/publication/150601_Murdock_ProjectAtom_Web.pdf (16.8.2015). Dazu auch: Ulrich Gellermann, *rationalgalerie.de*, Die Irren in Washington. Atomkrieg ist machbar, Herr Nachbar, 27.7.2015, http://www.rationalgalerie.de/home/die-irren-in-washington.html, (28.7.2015).

setz die Möglichkeiten geschaffen wurden, in der Ukraine Atomwaffen zu stationieren.[251]

Publizisten, Wissenschaftler, Politiker, Schriftsteller, Künstler, Gewerkschafter und alle Menschen, die gegen diese verantwortungslose Politik der Hochrüstung, militärischen Provokationen und Kriegshetze protestieren, werden angefeindet. So ist die gegenwärtige bedrückende Situation. Dennoch ist ein Politikwechsel niemals ausgeschlossen, bekanntlich stirbt die Hoffnung zuletzt.

---

[251] Wilhelm von Pax, USA werfen Übungsatombomben an der Grenze zu Russland ab, *NEOPresse*, 2.9.2015, http://www.neopresse.com/europa/usa-werfen-atom-uebungsbomben-an-der-grenze-zu-russland-ab/ (4.9.2015).

Hinweise auf Kommentare zum Thema von Wolfgang Bittner

»Wird Deutschland jetzt in der Ukraine verteidigt? – Die Bevölkerung in Geiselhaft« vom 19. April 2014 – http://www.hintergrund.de/201404193077/globales/kriege/wird-deutschland-jetzt-in-der-ukraine-verteidigt.html

»Die Ukraine-USA-EU-Russland-Krise – Lügen, Hetze, Drohungen« vom 28. Mai 2014 – http://www.hintergrund.de/201405283110/politik/welt/die-ukraine-usa-eu-russland-krise.html

»Restbestände der Demokratie in der Endspiel-Zeit – Politiker und Journalisten im Wahn ihrer Ideologie« vom 16. Juni 2014 – http://www.hintergrund.de/201406163121/feuilleton/zeitfragen/restbestaende-der-demokratie-in-der-endspiel-zeit.html

»Krieg in der Ukraine – Brandstifter und Brandbeschleuniger« vom 1. September 2014 – http://www.hintergrund.de/201409013223/globales/kriege/krieg-in-der-ukraine.html

»Wirtschaftskrieg gegen Russland – Weitere Sanktionen und Aggressionen der ›westlichen Allianz‹« vom 16. September 2014 – http://www.hintergrund.de/201409153243/wirtschaft/wirtschaft-welt/wirtschaftskrieg-gegen-russland.html

»Das europäische Jahrhundertdesaster – Die Krise in der Ukraine und die Spaltung Europas« vom 20. November 2014 – http://www.hintergrund.de/201411203318/politik/politik-eu/das-europaeische-jahrhundertdesaster.html

»USA und Eurasien – Die Politik der Supermacht Nr. 1« vom 13. Januar 2015 – http://www.hintergrund.de/201501133378/politik/welt/usa-und-eurasien.html

»Die übliche Medienkampagne gegen Russland – Vernebelung, Hetze, Halbwahrheiten und Lügen« vom 18. Februar 2015 – http://www.hintergrund.de/201502183430/hintergrund/medien/die-uebliche-medienkampagne-gegen-russland.html

»Kriegsvorbereitungen als ›friedensstiftende Maßnahmen‹ – Aufrüstung und Manöver. Russland im Fokus westlicher Provokationen« vom 28. Juli 2015 – http://www.hintergrund.de/201507283614/globales/terrorismus/kriegsvorbereitungen-als-friedensstiftende-massnahmen.html

»Ukraine: Rechtsextremismus, Korruption und Mord – Wie ein Land im Ost-West-Konflikt zugrunde geht« vom 4. August 2015 – http://www.hintergrund.de/201508043620/politik/welt/ukraine-rechtsextremismus-korruption-und-mord.html

»Konsequenzen des West-Ost-Konflikts«, in: *Ossietzky* Nr. 17 vom 29. August 2015, S. 606-609.

Bildquellen

1. US-Präsident Barack Obama berät sich mit seinem Außenminister John Kerry und seiner nationalen Sicherheitsbeauftragten Susan E. Rice im Oval Office am 19. März 2014. (Foto: Pete Souza, Offizielles Weißes Haus Foto / CCBY 3.0 US; http://www.whitehouse.gov/sites/default/files/imagecache/gallery_img_full/image/image_file/p031914ps-0950.jpg)

2. Albrecht Müller: Publizist und Herausgeber der NachDenkSeiten. (Foto: Liesa Johannsen; mit freundlicher Abdruckerlaubnis vom Westend Verlag)

3. Präsident Barack Obama im Gespräch mit Arsenij Jazenjuk, dem Ministerpräsidenten der Ukraine, im Oval Office am Ende ihres bilateralen Treffens am 12. März 2014. (Foto: Pete Souza, Offizielles Weißes Haus Foto / CCBY 3.0 US; http://www.whitehouse.gov/sites/default/files/imagecache/gallery_img_full/image/image_file/p031214ps-0710.jpg)

4. Der ukrainische Ministerpräsident Jazenjuk traf am 07. Juni 2014 den US-Vize-Präsidenten Joe Biden. (Foto: Webseite der ukrainischen Regierung und des Ministerpräsidenten Jazenjuk; http://www.kmu.gov.ua/control/en/photogallery/gallery?galleryId=247374562&)

5. Am 23. August 2014 trafen sich Angela Merkel und der ukrainische Präsident Petro Poroschenko in Kiew. (Foto: Webseite des ukrainischen Präsidenten Poroschenko; http://www.president.gov.ua/en/gallery/2294.html#38437)

6. Der ehemalige OSZE-Vizepräsident Willy Wimmer. (Foto: privat)

7. Am 8. Juli 2014 besuchte Poroschenko die von den Ukrainischen Soldaten zurückeroberte Stadt Slawjansk. (Foto: Webseite des ukrainischen Präsidenten Poroschenko; http://www.president.gov.ua/en/gallery/2276.html#38186)

8. Während seines Aufenthalts in Riyahd, Saudi Arabien telefonierte Präsident Obama am 28. März 2014 mit dem russischen Präsidenten Wladimir Putin. Beim Präsidenten sind sein Außenminister John Kerry und seine nationale Sicherheitsberaterin Susan E. Rice. (Foto: Pete Souza, Offizielles Weißes Haus Foto / CCBY 3.0 US; http://www.whitehouse.gov/sites/default/files/imagecache/gallery_img_full/image/image_file/p032814ps-0722_1.jpg)

9. Am 20. Juni 2014 reiste Präsident Petro Poroschenko in den Donbass und stellte dort einen Friedensplan vor. (Foto: Webseite des ukrainischen Präsidenten Poroschenko; http://www.president.gov.ua/en/gallery/2266.html#38064)

10. Am 70. Jahrestag der Landung der Alliierten in der Normandie trafen Angela Merkel, Wladimir Putin und Petro Poroschenko aufeinander. (Foto: Presse und Informationsamt des russischen Präsidenten; http://eng.news.kremlin.ru/media/events/photos/big/41d4e47185dc871ea558.jpeg)

11. Präsident Putin und Präsident Poroschenko beim Gipfeltreffen der Eurasischen Wirtschaftsunion mit EU-

Vertretern. (Foto: Presse und Informationsamt des russischen Präsidenten; http://eng.news.kremlin.ru/media/events/photos/big/41d4ff215956b7d826e0.jpeg)

12. Präsident Obama mit seinen Beratern am 20. März 2014 im Oval Office. Besprochen wurden neue Sanktionen gegen Russland. (Foto: Pete Souza, Offizielles Weißes Haus Foto / CCBY 3.0 US; http://www.whitehouse.gov/sites/default/files/imagecache/gallery_img_full/image/image_file/p032014ps-0075.jpg)

13. Karl-Wilhelm Lange: Braunschweiger Regierungspräsident i. R. und ehemaliger Präsident des Volksbundes deutscher Kriegsgräberfürsorge. (Foto: privat)

14. Zbigniew Brzeziński auf der Münchner Sicherheitskonferenz 2014, Foto: Kleinschmidt / MSC

15. Wladimir Putin auf der Waldai-Konferenz in Sotschi (Foto: HYPERLINK »http://www.kremlin.ru« www.kremlin.ru)

16. Barack Obama und der polnische Präsident Bronisław Komorowski in Warschau (Foto: HYPERLINK »http://www.prezydent.pl« www.prezydent.pl)